AF613006

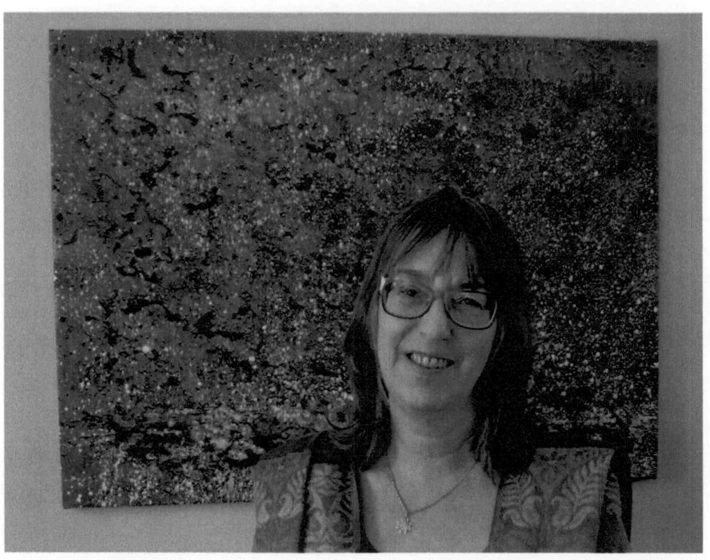

EVA DILLNER är en internationellt yrkesverksam konstnär och författare som specialiserat sig på kreativa och terapeutiska processer för inspiration och transformation. Konstnärligt uttrycker hon sig via den abstrakta expressionismen, där både känslor och andlighet spelar en betydande roll. Eva låter intuitionen, eller känslan, styra måleriet - som en upptäcktsfärd, spännande att se vad som vill växa fram på duken genom att låta processen ta över, bortom de begränsade tankarna. Eva har bott större delen av sitt liv utomlands, 30 år i USA och 2 år i Frankrike. Medlem i KRO, BUS, KC & SWEA Art. Representerad i privata och offentliga samlingar i Indien, USA, England, Tyskland, Turkiet, Belgien, Norge och Sverige. Eva har gett ut fyra böcker på engelska samt tre på svenska. KONSTRIKET är hennes sjunde bok. Hon har figurerat i media lokalt och internationellt. www.evadillner.com

KONSTRIKET

Eva Dillner

Inbunden mjukband (Perfect Bound)
ISBN-13: 978-91-980387-2-9

e-bok pdf/EPUB
ISBN-13: 978-91-980387-4-3

Ljudbok mp3/iPod
ISBN-13: 978-91-980387-3-6

Förlag DIVINE DESIGN
www.evadillner.com

KONSTRIKET
Eva Dillner

DIVINE DESIGN
www.evadillner.com

Eva Dillners böcker

på engelska
Z 2 A (2011)
Meandering Mind (2010)
- 1st edition The Pathfinder Process (2005)
Secrets of Transformation (2008)
- 1st edition The Naked Truth (2003)
God put a Dream in my Heart (2003)

på svenska
Konstriket (2014)
Våga Leva (2006) nytt omslag 2014
Livs Levande Eva (2006)

Almanackor
Eva Dillners konstkalender 2015 - abstrakt expressionism
Eva Dillner 2014 Art Calendar
Eva Dillner 2013 Art Calendar
Z 2 A 2012 Art Calendar
Mystical Art 2011 Calendar
Healing Art 2010 Calendar
Art of Now 2009 Calendar

Röster om boken

En guldgruva av kunskap och en skattkista i tips.
Margareth Osju

Banbrytare, isbrytare och trendbytare... jag gillar i alla fall Eva Dillners konst och böcker, underbart då någon delar... äkta generös livsforskning.
Eva Rundberg-Englund

"En informativ, kunnig och personligt färgad handbok i konsten att vara konstnär. En bok med mycket fakta men också full av underfundigt funderande och därför stimulerande. Ett måste för den nystartade och en nyttig påminnelse för den etablerade konstnären."
Mats Lindberg, VD Bildkonst Upphovsrätt i Sverige (BUS)

Bokdistribution

I tryck

Mina böcker och almanackor trycks "on-demand", det vill säga vid beställning, av Lightning Source i USA, Storbritannien eller Australien och kan skickas till hela världen. På nätet hittar du mina böcker och kalendrar på AdLibris och andra nätbutiker såsom Amazon och Barnes and Noble. Du kan även be din bokhandlare beställa hem dem. Distributörer är Ingrams, Baker & Taylor, Nielsen BookData, Bertrams, Gardners och Coutts. Biblioteken kan naturligtvis beställa från BTJ, Bibliotekstjänst. Rabatterade priser till bokklubbar. Föreningar och organisationer kan beställa direkt från förlaget till F-pris (förlagspris) plus frakt.

Print on demand har blivit ett strå vassare med Espresso Book Machine. Boken trycks medan du väntar i butiken eller biblioteket.

Böcker är inbundna med mjuka pärmar, almanackor häftade.

Ljudböcker

Jag gick direkt till digital utgivning i mp3/iPod, som sköts alldeles utmärkt av Elib AB, som distribuerar till nätbutiker för legal nedladdning och till bibliotekens hemsidor där du som låntagare kan lyssna till streamade ljudböcker. Jag får betalt för nätbutikernas försäljning och royalties för bibliotekslånen. Mina ljudböcker finns även via Audible och deras partners iTunes och Amazon.

E-böcker

Köp e-böcker i nätbutikerna eller låna via bibliotekens hemsidor. Elib står för distributionen och jag får betalt för försäljning samt royalties på lånen. E-böckerna finns i pdf/EPUB.

Dessutom finns e-böckerna på Amazon's Kindle och via Ingram Digital till eboksbutiker på nätet världen runt som eBookMall i pdf/EPUB format. Med introduktionen av iPad finns nu eböckerna på Apple iBooks i EPUB format.

Innehåll

Röster om boken • vii
Konstriket • 1
Varför går vi på konstutställningar? • 4
Den konstnärliga kakan • 6
Hur blir man konstnär? • 10
Livets resa skapar konsten • 12
Vuxenpoäng i konstvärlden • 14
Konstnär som yrke • 16
BUS Bildkonst Upphovsrätt i Sverige • 19
Kommuner köper konst • 23
Utställningar och inköp i kommuner • 25
Skapa en utställning • 30
Politiska och praktiska frågor • 32
KRO Konstnärernas Riksorganisation • 34
KC Konstnärscentrum • 36
Fler konstnärsorganisationer • 37
MU - Medverkande och utställningsersättning • 40
Politiker, administratörer, byråkrater och konstnärer • 44
Ge aldrig upp • 47
Hur tänker de? • 50
Seriösa arrangörer möter yrkesverksamma konstnärer • 52
Konstföreningar • 56
Det måste vara roligt att få syssla med sin hobby • 59
Det är så naturligt i den världen att ta betalt • 63
Konstsalonger och jurybedömda utställningar • 66
Men amatörerna då? • 68
Utan oss har de inget jobb • 70

Så här viktig är upphovsrätten • 73
Konst i vården • 76
Landsting, län och regioner • 78
Regionala resurscentrum • 80
1% till konsten • 82
Offentliga upphandlingar, beställningar och direktinköp • 83
Sälja konst till företag • 87
Gallerier • 89
Resurser för en kreativ entreprenör • 92
Sälja konst till privatpersoner • 94
Reko • 95
Statens konstråd • 97
Inköp av lös konst • 102
KLYS - Konstnärliga och Litterära Yrkesutövares Samarbetsnämnd • 105
Riksutställningar • 107
Jubilarens val och andra godsaker • 108
Presentera, presentera, presentera... • 109
Skapa hemsida • 110
Webbshop • 113
Fotografera konst • 115
Skapa och skicka bilder • 117
Nyhetsbrev och maillistor • 120
Sociala medier • 122
Hyra av konstverk • 124
CV - Konstnärspresentation - Artist Statement • 126
Yrkeskonstnär, fritidskonstnär eller hobbykonstnär • 130
Arbetsförmedlingen Kultur Media • 133
TV program om konst • 139
Konst i län/region • 141
Vad kostar en utställning? • 147
Art at Work • 152
Gallerister och konstagenter • 154

Pitcha idéer och projekt • 157
Stipendier • 161
Press och Media • 166
Dagens sensation eller framtidens budbärare? • 169
Öppna ateljéer • 172
Hur beställer man ett konstverk? • 174
Artist in Residence • 177
Ta saker i egna händer • 179
Konstnärernas Arvsfond • 181
Vägen framåt • 183

Konstriket

Vi lever i ett kreativt land. Svenska datorspel är i världstopp. Vi är tredje största exportlandet av musik, efter USA och Storbritannien. Vi har fler körer per capita än något annat land i världen. Vi är ett av de förlagtätaste länderna i världen. Det svenska deckarfenomenet går som tåget. Vi är världsledande inom produktion och distribution av ljudböcker på Internet. Vi lär vara ett av de mest uppfinningsrika länderna i världen. Blixtlåset, dynamiten, celsiustermometern, Linnés klassificeringssystem för växter, djur och mineraler, separatorn, skeppspropellern, L M Ericssons utveckling av telefonutrustning och telefonväxlar, skiftnyckeln, gasfyren, ångturbinen, kullagret, tetrapak, pacemakern, trepunktsbältet, AXE-växlar, datamusen, Losec... och så har vi förstås en massa kreativa konstnärer. Därav tanken om KONSTRIKET. Vi har potentialen att sätta konsten på kartan, göra Sverige berömt och världsledande på ännu ett område: konsten. Men då måste vi skapa förutsättningar för att yrkeskonstnärer ska kunna leva på sin konst.

Yrkeskonstnärer har lång utbildning och erfarenhet men har väldigt låga inkomster. Enligt KRO/KIF/BUS enkät 2014 har 64 procent av konstnärerna en taxerad inkomst på under 13 300 kr/månad. Tre av tio konstnärer har tackat nej till utställningar för att de inte haft råd att medverka.

En konstutställning är i första hand en upplevelse. Men hur många går på en utställning för att köpa konst? Ytterst få. För 99% av besökarna är det själva upplevelsen som är poängen. Att curatorer, intendenter och museipersonal ska ha lön tar vi alla för givet. Nu ska även konstnären få betalt. Ett nytt synsätt och statligt ramavtal trädde i kraft 1 januari 2009 som sakta men säkert är på väg att bli branschpraxis. Alliansregeringen införde det så kallade MU-avtalet som ser till att konstnären får ersättning för sitt arbete, sina kostnader och för att visa sina verk offentligt. MU-avtalet är bindande för alla statliga institutioner. Många gallerier och konsthallar tillämpar redan MU-avtalet, för de förstår att det höjer deras attraktionskraft både för besökare och konstnärer.

På Rekos hemsida kan man följa hur "reko" våra konstinstitutioner är gentemot de utställande konstnärerna.

Det är tack vare våra konstnärsorganisationer som förbättrade villkor kommer till: KRO, KIF, Konstnärscentrum, SK, SFF, ST, Skulptörförbundet, KHVC & BUS.

Gissningsvis finns det mellan 2 000-3 000 yrkeskonstnärer i Sverige och förmodligen minst lika många fritidskonstnärer. Gruppen hobbykonstnärer är kanske lika stor som de två föregående tillsammans. Alltså har vi totalt runt 8 000-12 000 personer som gärna kallar sig konstnärer.

Det är förstås stor skillnad att ha det som yrke och driva företag än att vara anställd med säkrad inkomst och vara konstnär på fritiden eller helt enkelt ha det som hobby. Viktigt är också att arrangörer och uppdragsgivare förstår skillnaden och anpassar sina villkor därefter.

Antalet utställningsarrangörer är betydligt färre. Av landets 290 kommuner har de flesta en egen utställningslokal, som arrangerar allt från 10-12 utställningar per år till bara några få. Det finns cirka 20 regionala länsmuseer. Staten och stiftelser driver ett antal större museer och konsthallar. Kanske hälften av våra 400 konstföreningar ordnar egna utställningar, ofta i kommunens museum eller konsthall. En sökning på galleri ger 1 243 träffar, men av dessa är nog merparten "utställningslokal att hyra" och inte galleri i traditionell bemärkelse.

Alla konstnärer ställer förstås inte ut, många yrkeskonstnärer gör offentliga utsmyckningar. Där är 1% regeln oerhört viktig. Vid ny- och ombyggnation går 1% till konst, det kan vara utsmyckningar, gestaltningar, fasta installationer eller inköp av lös konst. Konstnärscentrum, Statens konstråd och AF Kultur Media är viktiga partners.

Upphovsrättsliga ersättningar kan vara en betydande del av konstnärens inkomster, eftersom verken visas offentligt och i publikationer, både i tryck och på nätet. Att alla aktörer då följer BUS Bildkonst Upphovsrätt i Sverige tariffer är naturligtvis angeläget.

Vem står för konstinköpen? Lite statistik från KRO/KIF:s bok *Handbok för Bild- och Formkonstnärer* (siffrorna är från 2001 men proportionerna har nog inte ändrats avsevärt). 40% är vidareförsäljning via gallerier och auktionshus. Direktförsäljning via gallerier och kooperativ är runt 17% men efter galleristens provision, som kan vara 50%, återstår inte så stor del till själva konstnären. Upphovsrättsliga ersättningar är cirka 2%. Offentlig sektor, det vill säga kommun, stat och landsting/region står för runt 20% och eftersom de inte är vinstdrivande går förtjänsten till konstnären. Konstföreningar beräknades stå för 15%. Till sist svarthandel som ligger runt 7% av omsättningen.

Turismen bara ökar i Sverige så potentialen för att visa upp konst-Sverige är stor. Om det är arvet efter vikingarna eller bara ren nyfikenhet, så älskar vi fortfarande att resa och bosätta oss på olika platser i världen. Över en halv miljon svenskar bor utanför rikets gränser. Möjligheterna för att sätta konst-Sverige på kartan har nog aldrig varit så gynnsamma som nu.

Varför går vi på konstutställningar?

En konstutställning är i första hand en upplevelse. Besökaren går på en upptäcktsfärd, blir inspirerad, berörd, ser något nytt eller får ett annat perspektiv. Konsten påverkar oss bortom logikens rum, väcker våra känslor och vaggar oss in i ett annat tillstånd. För en stund kan vi drömma oss bort till en annan värld. Konst väcker tankar, skapar en dialog samt förmedlar kontakt när vi minglar.

Konst är mycket uppskattat. Det säger besökarna. Med entusiasm. De blir inspirerade att döpa målningar och skapar berättelser runt motiven. De blir sporrade att skapa något själva, kreativiteten väcks och idéer flödar.

Men hur många går på en utställning för att köpa konst? Ytterst få. För 99% av besökarna är det själva upplevelsen som är poängen.

Så sent som 2008 ställde en mycket känd konstnär ut på ett av landets största konstinstitutioner. Det blev publiksuccé och institutionen drog in 3 500 000 kronor i bara inträde. Konstnären fick nöja sig med ynka 10 000 kronor.

Tack och lov blåser förändringens vindar. Samma år skapades ett nytt avtal av Regeringen som reglerar medverkande och utställningsersättning till konstnärer. MU-avtalet, som det kallas, är ett resultat av ett förändrat synsätt på konstnärers villkor och betydelse för samhället. Det statliga ramavtalet är ett samarbete mellan Kulturdepartementet och konstnärsorganisationer som trädde i kraft 1 januari 2009. Listan på arrangörer som tillämpar MU blir bara längre och längre.

"Det är en skandal att till exempel kommunala konsthallar inte följer MU-avtalet"

Ulf Nilsson, ny kulturpolitisk talesperson (FP) Supermarket 2013

Men än finns det mycket att göra. Attityder tar tid att förändra. Att curatorer, intendenter och museipersonal ska ha lön tar vi alla för givet. På många håll förväntas fortfarande konstnärer ställa upp gratis, och i många fall till och med bekosta själva utställningen. Men utan konstnärens medverkan har museer och konsthallar ingenting att visa. Vi är själva motorn i hela deras verksamhet. Det är inte pengar som fattas i kulturbudgeten, det är själva fördelningen som är sned på många håll. När politiker förstår problemet blir det också förändring i prioriteringen av resurser.

Den konstnärliga kakan

Jag hade inga planer på att bli konstnär. Men livets resa förde mig därhän och numera är jag invald i KRO, Konstnärernas Riksorganisation, inget lätt nålsöga att passera igenom. Här krävs minst fem års dokumenterad yrkesverksamhet och bildkvalitet som om jag gått på Konstfack. Jag är inte så lite stolt över att vara med i denna skara.

Nyfiken som jag är, försöker jag förstå hur kultursektorn fungerar. I boken *Vad är konst?* berättar Ernst Billgren att de flesta framgångsrika konstnärer är autodidakta, det vill säga de har inte utbildat sig till konstnärer genom de etablerade institutionerna. Ändå fortsätter skaran av konstskolor och utbildningar att växa så det knakar, allt finansierat av skattepengar. Få är de konstnärer som lever av sitt skapande, och ändå utbildar vi ännu fler. Men hantverkare som det verkligen är bristvara på, var finns lärlingsutbildningarna för dem?

Med stort intresse läste jag KRO/KIF:s bok *Handbok för Bild- och Formkonstnärer*. Mycket matnyttigt för en konstnär i boken, men här tänkte jag ta upp hur ekonomin fördelar sig. Jag tror det är viktigt att veta var pengarna finns, det vill säga vem är det som köper konst? Visserligen är siffrorna från 2001 men proportionerna har nog inte ändrats avsevärt:

Vidareförsäljning cirka 40%

Omsättningen av konstverk som säljs vidare av gallerier och auktionshus är den största biten. Tyvärr är det så att konsten blir betydligt mer värdefull så fort jag gått vidare till de sälla jaktmarkerna. Bästa tiden att investera i konst är medan konstnären lever och innan hon blivit riktigt känd. Det vill säga nu.

Direktförsäljning cirka 17%

Gallerier och kooperativ omsätter rätt mycket. Men efter galleristens provision, som kan vara 50%, återstår inte så stor del till själva konstnären. Å andra sidan är galleristen en aktiv säljare som kan vara guld värd att nå ut till en köpande publik.

Copyright cirka 2%

Återutnyttjande i olika medier hanteras av BUS, Bildkonst Upphovsrätt i Sverige. Det kan handla om bokomslag, illustrationer, visning av verk offentligt, reportage i media med mera. Konstnären behåller copyright på sina verk oavsett om originalet är sålt.

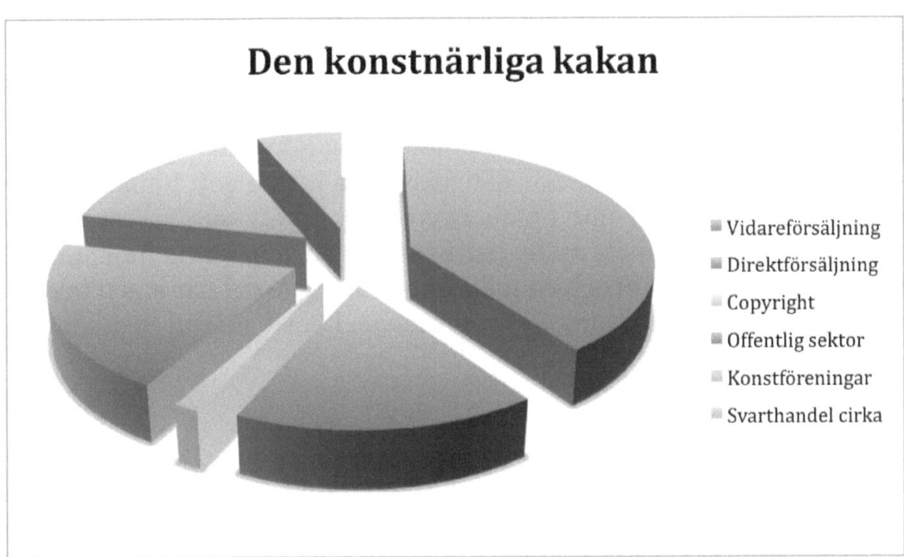

Offentlig sektor cirka 20%

Kommuner, stat och landsting köper in konst och utsmyckningar.

Varje **landsting** har sin egen konstkonsulent. Ofta finns det också en konsthandläggare eller konstansvarig. Tillsammans disponerar de över inköpsbudgeten och agerar rådgivare om utsmyckningar och projekt samt driver pedagogiska insatser. Om man besöker en vårdcentral eller ett sjukhus ser man rätt mycket konst, som kanske inte i främsta hand associeras med hälsa. Framförallt tidigare gjordes konstinköpen utifrån perspektivet "god konst" och inte utifrån patientens behov. Många dystra verk finns i samlingarna, men för att skapa plats åt mer passande konst säljer nu många landsting ut delar av sina samlingar. Bra tycker jag, som ofta får höra att min konst skulle passa så bra i vårdens korridorer.

Statens konstråd har konstkonsulter för konstkollektioner och curatorer för permanent byggnadsanknuten konst, stadsutveckling och tillfälliga projekt. Främst arbetar Konstrådet i byggnader där verksamheten är statlig. Yrkeskonstnärer som är intresserade av att få uppdrag kunde tidigare skicka in sin portfolio, men det arkivet har avslutats. Mer om detta i kapitlet om Statens konstråd.

Kommuner har ingen gemensam policy för konstinköp eller utställningar. De flesta kommuner har en konsthall, i mindre kommuner ofta i anslutning till biblioteket. Vem som får ställa ut varierar stort. Jag har stött på kommuner där man helt enkelt har en turlista, man hamnar längst bak i kön när man anmäler sitt intresse. Andra tar inte emot utställningsansökningar såvida det inte har gjorts enskilda avtal eller överenskommelser mellan konstnär och konsthall. Ibland finns det klara regler och ansökningstider som en kommitté behandlar. Ibland är det slumpmässigt, att man ringde eller mailade när den ansvarige var på gott humör och de säger javisst. Det verkar inte finnas något krav på att vara yrkesverksam som konstnär. Kommunala inköp har heller ingen gemensam linje. En del kommuner har en budget och en inköpskommitté, en del har ingen budget eller policy eller konstansvarig. De kommunala konsthallarna används ofta av de lokala konstföreningarna.

Konstföreningar cirka 15%

Sveriges Konstföreningar vill verka för att stödja idag verksamma professionella konstnärer. Det borde betyda att inköp och utställningar går till konstnärer som är yrkesverksamma. Men en icke statistisk koll visar att många uppdrag går till fritidskonstnärer, som valt en anställning i stället för konstnärsyrket. När det är dags för jurybedömda utställningar, är alla välkomna att söka, amatörer och proffs. MU-avtalet borde gälla även här, eftersom verksamheten delvis finansieras av våra skattepengar. Då skulle vi slippa utsättas för oskäliga avtal som lägger konstföreningens kostnader på konstnären. Jag tackade nyligen nej till en förening som förväntade att jag skulle stå för vernissagekorten och utskicket till medlemmarna.

Svarthandel cirka 7%

Många äro de som titulerar sig konstnär när tidningen knackar på, men när skattmasen dyker upp har konstnären gått upp i rök. Upp till 30 000 får man tjäna som hobbykonstnär. Men det ska deklareras och skattas för, och det är det få som gör. Man kan tycka att det vore enkla pengar för Skattemyndigheten att plocka. Det är bara att läsa tidningen och inlägg på sociala medier för att se var det borde komma in en skattedeklaration med hobbyinkomst.

MU avtalet

Något som fungerar väl är det nya MU-avtalet, som står för medverkande och utställningsersättning till konstnärer. Det är mycket jobb att ta fram, presentera och hänga en utställning. Det är sällan det går med vinst. Konsthallens personal har sin lön, men nu får även konstnären en skälig ersättning för sin tid. Nyligen kom en inbjudan att skicka in utställningsansökan med orden "Galleriet följer stolt MU- avtalets tariffer för utställningsersättning". För det blir man blir glad ända in i själen.

Men amatörerna då?

Många av oss har börjat där. Det finns gott om ställen att ställa ut, till exempel caféer, studieförbund, ideella föreningslokaler och betalgallerier.

Hur blir man konstnär?

Föds man till konstnär? Nja, kanske inte, men anlag, talang och intresse är viktiga ingredienser för att skapa en konstnär. En del vet redan från tidig ålder att det är just konstnär de vill bli. Själv hade jag inte en tanke på det. Släkten är visserligen full av konstnärlig talang, men det dröjde innan jag fann den ådran. Konstnär, det var mammas revir. Hon ville bli modetecknerska, men det godkändes inte som något att satsa på i den stränga uppväxten. Mormor var konstnär och sömmerska. Mina kusiner och deras barn är överrepresenterade på skolor som Konstfack, Nyckelviksskolan och Beckmans. En del har varit mer pragmatiska och utbildat sig till arkitekter. Men jag kände aldrig att jag hade deras talang. Fick höra i skolan att jag gjorde fel, fick inte måla elefanten lila, hela papperet skulle fyllas, och så vidare. Jag kan fortfarande inte rita. Men måla abstrakt, det kan jag. Det var en lång väg innan jag kom dit.

Av någon mystisk anledning måste man alltid börja med när och var man är född, när man ska presentera sig som konstnär. Någon som vet varför? Vad har det med saken att göra? Hur som helst föddes jag i Stockholm, närmare bestämt på Allmänna BB, en vintrig decembernatt 1952. När jag var två år flyttade vi till Linköping och där bodde vi tills jag fyllt fjorton. 1967 bar det iväg till Seattle, WA i USA. Då hade pappa fått jobb på Boeing, han var civilingenjör i flygteknik och specialist på aerodynamik. I efterhand har jag förstått vilken brytningstid vi landade i. Det var stora förändringar i hela världen, men speciellt i USA var det kaotiskt. Vietnamkriget, Women's Liberation, Earth Hour, Hippies, Affirmative Action, Equal Rights, Environmental Protection... allt hände på bara några få år. Att vara fjorton år är svårt nog. Att som blyg och introvert svensk landa i extroverta USA var inte lätt. Även om jag läst engelska från fjärde klass, så var språket ett hinder. De första två veckorna begrep jag i stort sett ”Hello” och ”Good Bye”. Det kanske inte var så underligt att jag fick högsta betyg i ämnen som var oberoende av språk, som matte, logik och data. Så jag följde i pappas fotspår och utbildade mig till civilingenjör i maskinteknik. Gick ut med höga betyg, blev invald i Tau Beta Pi och NASA bekostade min masters utbildning.

Kvotering diskuteras flitigt i den svenska pressen. Redan på 70-talet införde USA Equal Opportunity. Precis lagom till jag tog examen. Tur för mig, företagen stod i kö för att anställa, och jag fick omedelbart högre lön än mina manliga kollegor. På Scott Paper Company i Everett, numera Kimberly Clark, började jag som projektledare, blev första kvinnliga gruppchefen, befordrades till inköpsavdelningen med ansvar för förpackningar, där jag lärde sig det mesta om färgtryck, en ovärderlig kunskap i konstnärskapet. Därefter några år i Frankrike (Paris/Orléans).

1991 kom mitt i livet krisen...

Utbränd, men det var ingen som visste vad det var på den tiden. Men jag hade alltid varit intresserad av livets energi och meningen med livet. Jag utbildade mig till terapeut och började måla mina känslor. Känslor är energi i rörelse. Genom att arbeta med kropp och själ för att uppleva och uttrycka det som finns inom oss, kan vi transformera instängd tristess till något helt annat. När energin får flöda vet man aldrig vad som kan hända. Det är spännande att utforska och släppa alla hämningar. Det som var inburat blir fritt, för att finna helt nya former. Ljuset infinner sig.

Det blev många utbildningar i inre processer: bland annat meditation, personlig utveckling, SHEN-terapi, frigörande dans och intuitivt måleri. Ungefär som en högskoleexamen i livsenergi. 1998 återvände jag till mina somrars Småland och bosatte mig i Eksjö. Man kan ju undra hur kurser i inre processer skapar en konstnär och författare. Men det finns nog inget bättre sätt att lära sig måla abstrakt; att lära sig lita på intuitionen, att uppleva och uttrycka sina känslor och lära sig släppa taget om intellektet. En konstnär förmedlar det som är bortom intellektet, bortom tid och rum, skapar en upplevelse för sinnet, väcker en känsla...

2002 började jag skriva böcker om kreativa och terapeutiska processer för inspiration och transformation. Den sjätte boken Z 2 A handlar om mellanrummet och är rikt illustrerad med min konst. Bilderna förstärker upplevelsen av mellanrummet, det som är bortom tid och rum.

Jag tog som sagt den långa vägen, via fristående kurser och utbildningar, andra konstnärer väljer att gå raka spåret via konsthögskolor. Oavsett hur vi utbildar oss, så handlar det om att hitta sitt eget sätt, sitt eget uttryck, sitt eget språk som konstnär. Vi behöver utforska tekniker, förhållningssätt, material, känslor och tankar. Många existentiella frågor hör hemma i konstens värld. Jag har alltid varit en drömmare och filosof, intresserad av "varför är vi här?" typ av frågor och har läst mängder av litteratur inom metafysiken.

Livets resa skapar konsten

- Hur tänkte du när du målade? hör jag ofta när jag ställer ut min konst.

I konstvärlden är det kutym att konstnären vill säga något med sitt måleri. Att med tanke eller känsla ge uttryck åt något konkret. Jag öppnar upp mig för det osynliga, det odefinierade, det ogripbara. Jag låter intuitionen, eller känslan, styra måleriet. För mig är det en upptäcktsfärd. Spännande att se vad som vill växa fram på duken, att låta processen ta över, bortom mina begränsade tankar. När jag låter skapandet ske fritt, leker mig fram, eller möter motståndet i djupt mörker, och släpper greppet om hur det ska ske, så blir det som det ska bli. Jag tillåter mig att skapa rena sörjan för att i nästa ögonblick kunna åstadkomma rena miraklet. Min konst inspirerar och kittlar fantasin. Ju längre du tittar ju mer ser du. Jag vill öppna dina sinnen för det omöjliga. Väcka din kreativitet. Uppmuntra nyfikenhet. Sporra fantasin.

- Hur tänkte du när du målade? Det är inte den begränsade tanken som styr mitt skapande. Jag söker flödet, den skapande processen, att överlämna mig, experimentera, testa, gå utanför gränser, hur det ska vara, släppa "så vill jag". Lossa greppet om den egna viljan. Låt det bli som det ska bli. Tillåt överraskningar, stilbrott, mer färg, mindre färg, smått eller stort, olika format. Släpp hur mycket tid det ska ta, vilka verktyg som gäller. Använd känslor, frustration och diskussion. Ta med allt i processen. Styrketräning är lika viktigt som meditation. Andlig utveckling och alla känslor får vara med. För att måla ljuset måste du våga möta mörkret.

Mitt måleri skulle se helt annorlunda ut om jag inte jobbat med mitt inre. Upplevelser i livet påverkar starkt vad som dyker upp under målandets resa. Det tar tid att lära sig känna in när en målning är färdig, när den behöver vila, när man behöver ta bort eller lägga till, eller ge den en ordentlig dust i badkaret. Alla mina utbildningar i terapi och personlig utveckling har stärkt kontakten med livsenergin och mitt inre. Att vara ok med processen och känna in steg för steg.

Föreställande konst kan vara väldigt vackert, men det är den abstrakta konsten som fascinerar mig. Det blir en oändlig upptäcktsfärd där jag överraskas om och om igen och ser ytterligare något. Min blick får något att drömma bort sig i. Inspireras av. En del konstverk fångar uppmärksamheten meddetsamma, men sen är det inte mer. Jag tycker bäst om måleri som fortsätter att inspirera, fascinera, där blicken vandrar genom bilden om och om igen. Man blir aldrig mätt på upptäcktsfärden den bjuder på.

Vuxenpoäng i konstvärlden

I konstvärlden räknas vissa saker mer än andra. Att samla de rätta meriterna, det vill säga vuxenpoäng, är viktigt om man vill komma in i till exempel KRO, Konstnärernas Riksorganisation, söka offentliga uppdrag eller komma med i projekt.

Att vara **representerad**, det vill säga inköpt av den offentliga sektorn eller företag, ligger högt på listan av meriterande utmärkelser. Jag tycker det är roligt oavsett vem som köper konsten, privatpersonen njuter säkert lika mycket som de anställda. Stat, kommuner och landsting lägger stora pengar på att köpa in både lös konst och fasta utsmyckningar.

Jurybedömda utställningar anses också smälla högt. Även om man vet på förhand vilka som sitter i juryn, har man ingen aning om vad de kommer att fastna för när de påbörjar urvalet. Det är inte ovanligt att hela juryn fångas av ett eller flera verk, och därifrån uppstår ett tema som de sen ska plocka ihop hela utställningen runt. Har man tur så passar ens konst in i konceptet, annars är man rökt oavsett hur bra eller dålig man är. Jag minns en utställning jag sökt till med stora, färgstarka, explosiva verk. Juryn valde att gå på temat sparsmakat och lågmält. Den gången hade jag inte tur.

Separatutställningar är självklart meriterande. Likaså **samlingsutställningar**, speciellt om man är inbjuden och utvald till en selekt skara. Var man ställer ut spelar också roll. Prince of Wales Museum i Mumbai ger mer status än lokala studieförbundet.

Att vara inköpt av **konstföreningar** ger också statuspoäng. Konstföreningar finns i olika tappningar: arbetsplatsföreningar köper huvudsakligen in konst via gallerister, allmänna konstföreningar driver ofta egen utställningsverksamhet och köper in från utställare och på konstresor.

Att vara representerad av ett **galleri** ger pondus. Speciellt gynnsamt om galleristen riktar sin säljverksamhet mot konstföreningar. De åker runt till arbetsplatserna, träffar inköpskommittén, lägger upp en radda målningar och skulpturer. Medlemmarna i kommittén pekar på den, den och den tar vi, så är det klart. Hittar man rätt gallerist, med en köpstark kundkrets och intresse för konst, så kan man fokusera på skapandet i stället för säljandet.

Stipendier är meriterande. Det lär vara betydligt lättare att få stipendier om man utbildat sig på konsthögskola än om man blivit konstnär genom en kombination av kurser, utbildningar och yrkesverksamhet. Det är i alla fall lättare att fylla i formulären. För där efterfrågas alltid utbildning i en eller två rader som inte lämpar sig för längre utlägg.

Projekt, ateljévistelser och resor med andra konstnärer räknas också som vuxenpoäng. Det är nog flera faktorer som spelar in här. Dels att det handlar om ett urval, det är inte vem som helst som får vara med. Dels att upplevelsen bidrar till att fördjupa och förbättra konstnären som konstnär. Man blir helt enkelt en bättre produkt. Missförstå mig rätt. Konstnären fyller på med inspiration, intryck och uttryck och blir därmed ännu mer sig själv.

Offentliga utsmyckningar är viktiga av flera skäl. De ger stora vuxenpoäng. För att få vara med i vissa upphandlingar krävs minst två referensuppdrag. Då måste man ju ha något att visa upp. Det handlar om relativt stora pengar för konst. Det ger bra uppmärksamhet i media. Och det ger IV ersättning livet ut. Mer om detta framöver.

Konst kan användas på många sätt, som **illustrationer** i böcker och andra trycksaker eller vara med i filmer och TV serier. Självklart är det en merit om ditt konstverk används som bokomslag, ännu några fler vuxenpoäng till potten.

Vissa **utbildningar** räknas mer än andra. Utbildning vid konsthögskolorna i Stockholm, Göteborg, Malmö och Umeå, Konstfack, Högskolan för design och konsthantverk (HDK), Beckmans Designhögskola samt Högskolan för fotografi och film eller jämförbar utländsk högskoleutbildning med inriktning på bild och form är de som skapar gräddfilen in i konstvärlden. Vi andra får skramla ihop erfarenhet och kurser tills vi får ihop till likvärdig kompetens.

Även i konstens värld bär alla vägar till Rom, det vill säga, oavsett vilken väg du väljer så kommer du fram. Det finns ingen industriformel för att bli vuxen konstnär.

Konstnär som yrke

Konstnärer idag är entreprenörer och företagare. Det är ett yrke som kräver lång utbildning och ofta rätt mycket möda innan man är ens är uppe på banan som kallas yrkesverksam konstnär. När det kommer till offentliga upphandlingar varierar definitionen yrkesverksam lite beroende på vilken byråkrat som skrivit underlaget och hur kunniga de är om de regler som gäller. Men grundläggande är:

- konstnären är registrerad för F-skatt
- har examen från konstnärlig högskola, eller har likvärdig utbildning och erfarenhet, det vill säga uppfyller inträdeskraven till KRO/KIF, KC och AF Kultur Media.

För att vara registrerad för F-skatt måste man driva företag. Precis som alla andra yrken som inte har en fast anställning. Det finns inga lediga jobb på arbetsförmedlingen som heter konstnär. Vi får själva sälja in oss och skapa möjligheterna. Det är en rejäl uppförsbacke med många hinder på vägen.

Jag gör aldrig något halvvägs. När jag väl kom in i konstnärsyrket började jag ta reda på hur organismen fungerar. Om jag vill jobba målmedvetet med att sälja min konst, hur gör jag då? Var finns pengarna? Vem fattar besluten? Hur bär jag mig åt för att nå de rätta personerna? Hur ser jag till att just jag finns framför dem när de ska köpa in konst? Det visade sig vara otroligt krångligt, tidskrävande och otydligt vad som gäller. Svaren jag fick var minst sagt blandade, från glädjande entusiasm till bedövande tystnad eller avmätt avspisande med mellanlandningar i konstruktiv hjälpsamhet. Men det var först när jag gick kursen om Avtal för konstnärers ersättningar (MU-avtal) som det riktigt hettade till. Jag blev helt enkelt förbannad. Det var inte bara jag som stötte på mer problem än lösningar.

Då trillade polletten ner. Skriv en bok. Inte bara om problemen, men med idéer och lösningar som skulle göra det så mycket enklare att få rätt konst på rätt plats. Med min erfarenhet av organisationsförbättringar ser jag det från ett helt annat perspektiv. Om ett privat företag skulle driva konstvärlden på nuvarande sätt skulle ingen vilja investera i projektet. Organisation och beslutsvägar är ineffektiva och framförallt godtyckliga i många fall. Offentliga upphandlingar är onödigt krångliga. Det är våra skattepengar det handlar om. Visst vore det i allas intresse att konstbudgeten gick till konst och konstnärer i stället för att slösas bort i byråkraternas korridorer.

Jag är född i Skyttens tecken. Jag säger ofta att "jag har inte vett att begripa att det inte går". Men envis är jag, och född optimist. Utan att jag planerade för det har jag skapat underlaget till denna bok. Jag har kontaktat konstansvariga på landsting och kommuner i hela Sverige, projektledare och konstkonsulter på Statens konstråd, konstföreningar i mängder, pratat med gallerister och presenterat mig på alla sätt och vis. Jag tänker som så, att hur ska de kunna handla min konst om de inte vet att jag finns?

När jag pratar med kollegor inser jag att kunskapen i yrkeskåren om hur det fungerar är väldigt liten. Vi har lagt så stor del av tiden på att förkovra oss som konstnärer men ägnat försvinnande lite tid åt att driva näringsverksamhet. För en del konstnärer börjar banan som hobbyverksamhet. Jag är förvånad över hur många som tror att det är skattefria pengar, att det är ok att bara stoppa ner det i fickan. Så är inte fallet. All konst som säljs ska deklareras och skattas för. Man får dra av utgifter, men inte dra moms. Tar man in mer än 30 000 på ett år måste man starta företag. Blanketten för hobbyverksamhet är SKV 344 och är enkel att fylla i och skickas in med inkomstdeklarationen. För de flesta hamnar skatten på 30%. Det är skatt till din kommun och landsting. Om det nu stämmer att cirka 7% av konstomsättningen är svarta pengar går vi miste om rätt mycket för vår gemensamma välfärd. Att lyfta upp de svarta pengarna till hobbyinkomst skulle faktiskt göra stor skillnad. Köper du konst? Be alltid om kvitto eller ännu bättre, faktura!

Att starta företag är inte speciellt svårt. Man kan ha ett firmanamn, som Divine Design, eller helt enkelt heta firma Eva Dillner. De flesta kommuner har ett näringslivsbolag som hjälper företag att komma igång och driva sina företag. De ordnar nätverksträffar och seminarier. Det borde vara stopp nummer ett på din lista att komma igång som yrkesverksam konstnär. Det finns till och med en portal som heter www.verksamt.se där information från olika myndigheter samlats på ett och samma ställe. I de flesta kommuner erbjuds starta eget kurser. Skattemyndigheten har regelbundna informationsträffar. Min erfarenhet är att de är tillmötesgående och hjälpsamma. Mer information hittar du på www.skatteverket.se.

Ja, det tar lite tid att lära sig bokföring, deklarationer och vilka momssatser och skatter som gäller. På nettoinkomsten för din verksamhet betalar du inkomstskatt på runt 31% samt sociala avgifter, så kallade egenavgifter, på 28,97%. Generellt sett gäller 25% moms på tjänster, till exempel föredrag eller förberedelse för en utställning. 12% moms gäller när du säljer konst, men om ett galleri står som säljare, då är det 25%. För att krångla till det lite så kan du välja att inte vara momspliktig om försäljningen understiger 300 000 om året. Men då får du heller inte dra momsen på dina utgifter. Problemet med att inte momsa konsten från början är att när du väl säljer för mer än 300 000 så är du momspliktig på hela försäljningen under året. Har du då inte tagit ut moms har du rakt av en förlust på 36 000. Mitt råd är att göra det rätt från början. Så har vi också en 6% momssats som gäller vid upphovsrättsligt nyttjande av dina verk. Där kommer BUS, Bildkonst Upphovsrätt i Sverige, in i bilden. Mer om detta i kommande kapitel.

Det finns flera bolagsformer att välja mellan, men för de allra flesta konstnärer är det enskild firma som gäller. En fåtal väljer att driva aktiebolag, med det är krångligare juridiskt och ekonomiskt, och man måste vara väldigt noga med hur upphovsrätten regleras i avtal. Handelsbolag och ekonomiska föreningar är heller inte så attraktiva för en konstnär.

När vi tänker företag, så tänker vi ofta de stora jättarna. Men visste du att?

- endast 5% av företagen har mer än 5 anställda
- omkring 20% av företagen har mellan 1-5 anställda
- 75% är egenföretagare

BUS Bildkonst Upphovsrätt i Sverige

Första gången jag kom i kontakt med bildupphovsrätt, var när jag skrivit min första bok. Jag ville ha ett foto av mig själv på omslaget. Vid samma tidpunkt hade jag varit med i ett reportage för Allas Veckotidning och gillade hur fotografen lyckats fånga mig på bild. Det var riktigt roligt när han kom med lampor och skärmar och donade tills det blev riktigt bra. När jag ringde upp fotografen svarade han att visst, jag kunde nyttja bilden "enligt prislistan". Det var så enkelt, att bara surfa in och slå upp tariffen för bokomslag och bokens upplaga och betala därefter för nyttjandet av omslagsbilden.

"BUS, Bildkonst Upphovsrätt i Sverige, är en organisation för bildkonstnärer oavsett uttryckssätt, målare, skulptörer, grafiker, illustratörer, performers, videokonstnärer, konsthantverkare, designers et cetera. Genom BUS får bildupphovsmannen ersättning när konstverk nyttjas och juridisk hjälp i upphovsrättsfrågor. Vi underlättar användning och säkerställer att relevanta tillstånd ges." www.bus.se

Vad behöver då en konstnär veta om upphovsrätt? Ja, även alla som har med konst att göra behöver kunna det här.

Upphovsrätten följer konstnären, inte verket. Upphovsrätten gäller hela ditt liv och 70 år efter din död. Om du, eller dina arvingar, säljer ett konstverk, så har ni alltid kvar upphovsrätten. Det är bara du som får bestämma om återgivning av ditt verk, på foto eller som reproduktion. Om någon vill nyttja din konst som illustration för en bok till exempel, är det du som bestämmer om du vill tillåta det. Tack vare BUS är det enkelt att komma överens om kostnaden för nyttjandet. Det är bara att hänvisa till tariffen. Det är så skönt att slippa förhandla. Är du medlem i BUS sköter de hela kedjan med kontrakt och fakturering och ser till att du får betalt. För detta tar de 20% i arvode. Medlemskap i BUS är gratis.

De hjälper även till vid **juridiska spörsmål** om upphovsrätten. Jag har konsulterat deras jurister ett flertal gånger och fått ovärderlig hjälp. Det finns inte en chans för oss konstnärer att kunna allt det finstilta, men här sitter experter som verkligen kan sin sak. När en offentlig upphandling har kommersiella villkor om upphovsrättsligt nyttjande kan man konsultera BUS riktlinjer, för att se om de är skäliga. Är nyttjandet preciserat, eller försöker upphandlaren trolla bort din upphovsrätt? Den kan vara värd väldigt mycket under åren som kommer, så det gäller att vara påläst.

Följerätt är en annan väsentlig del av upphovsrätten som BUS hanterar. När din konst säljs vidare via auktionsverk eller gallerist har du rätt till ersättning. Ersättningen utgår med 5 % av försäljningspriset upp till 50 000 Euro, sedan faller ersättningen med stigande försäljningspris och maximalt kan konstnärens ersättning bli 12 500 Euro för ett verk. Med tanke på att uppskattningsvis hela 40% av omsättningen i konstvärlden är vidareförsäljning så är följerätten viktig att känna till. För många konstnärer får ju även arvingarna ta del av vinsten, så hur vi testamenterar vårt livsverk har stor betydelse. Jag har en idé om **Konstnärernas Arvsfond**, det kapitlet ligger mot slutet av boken.

Följerätten har ett tröskelvärde, eller minimibelopp, som berättigar till ersättning. För 2014 ligger den på 2 200 kronor exklusive moms. Om verken säljs för mindre utgår ingen ersättning. Sedan slutet av 2013 pågår en utredning om minimiersättningens nivå och konsthandelns rapportering av försäljning. Konsthandeln yrkade till en början på en höjd miniminivå till mellan 1 000-3 000 euro, som motsvarar försäljningspriser mellan 9 000-27 500 svenska kronor. Det skulle slå väldigt hårt mot nu levande konstnärer. Runt 70-90% av alla konstverk skulle falla bort och följerätten skulle bli en angelägenhet endast för de mycket väl etablerade konstnärerna och dödsbon.

BUS statistik visar att ett stort antal konstnärer har så pass många försäljningar som ger ersättning från 110-300 kronor att de i många fall kan ge upp till 5 000 kronor per år i samlad ersättning. Även med ett höjt minimipris till 4 500 kronor, som nu diskuteras, skulle nästan hälften av konstverken falla bort.

Utredningen har lagt fram sitt betänkande Frågor om följerätt och om museernas kopiering (SOU 2014:36) och det remissbehandlas nu (svar senast 15 november 2014) och i det finns ett förslag om att öka minimipriset till cirka 4 400 kr, alltså dubblera det. Effekten blir att cirka hälften av de försäljningar som nu omfattas försvinner och bortfallet i ersättning för konstnärerna kan uppskattas till mellan 1 500 000-2 000 000 kronor årligen.

Utredningen tittar också på redovisningsplikten av försäljning. I Sverige finns inte sanktionsmöjligheter vid utebliven rapportering, med påföljden att man i Sverige får in mindre än en tiondel av vad man får in i Norge, Danmark och Finland där bara möjligheten till sanktioner ökar rapporteringsviljan markant. För oss konstnärer är det alla bäckar små som räknas, varje utebliven ersättning gör stor skillnad i en yrkeskonstnärs möjlighet att försörja sig på sin konst.

Musiker har STIM, författare får royalties och konstnärer får **IV, Individuell Visningsersättning**. Det här är nog en av de viktigaste ersättningarna som du bör känna till. För all konst som köpts in av offentliga pengar, det vill säga av landsting, stat eller kommun, erhålls poäng till konstnären för varje verk. När du blivit inköpt, vare sig det handlar om lös konst eller en offentlig fast utsmyckning, ska du rapportera detta till BUS. Varje år räknas poängen ihop och om du har tillräckligt mycket offentlig konst ute i bygderna får du ersättning. Det är en statlig ersättning som administreras av BUS. För 2012 varierade utbetalningarna från 500 kronor till 42 000 kronor. När du deklarerar är IV momsfri inkomst som du sedan betalar skatt och sociala avgifter på. Av någon anledning ger offentliga utsmyckningar större poängvikt än små inköp, så att det som redan är stort blir större. Från mitt perspektiv är det lika viktigt att en liten kommun köper in konst som att ett stort projekt sätter på sig spenderbyxorna. Jag skulle hellre se en jämnare poängfördelning. Det snackas mycket om levande landsbygd, så låt oss då se till att gynna konstnärer som vågar satsa på de mindre orterna. IV betalas ut varje år och är en livslång ersättning. Men allt eftersom nya verk kommer in i systemet sjunker poängen för de som redan är i systemet. Just nu driver ett flertal konstnärsorganisationer en kampanj för att öka IV budgeten. Om jag vore ung och i början av karriären skulle jag lägga max krut på att bli inköpt av så många offentliga instanser som det bara går tills jag maxat poäng. 42 000 kronor om året livet ut är stora pengar för en konstnär.

Om du har bilder i tidningar, tidskrifter eller böcker har du rätt till **IR, Individuell Repografiersättning**, för att publiceringarna kan fotokopieras inom undervisningen i Sverige. Anmälan görs via BUS. Ersättningen 2013 är max 25 000 kronor för bilder i bok och max 15 000 kronor för bilder i tidning/tidskrift. Alla bäckar små...

Visste du att om dina verk visas på TV så kan du få **TV-ersättning**? Ännu ett område där BUS sköter allt, förutom att du behöver rapportera in om du varit med i TV. För nuvarande gäller avtalet SVT/UR, SVT Play och TV4. Det ger ytterligare klirr i kassan.

BUS har även avtal med ett åttiotal **konstföreningar** för upphovsrättsligt nyttjande av konstbilder. Föreningens användning av konst i informationstrycksaker och på internet kräver tillstånd från konstnären och denne har även rätt till ersättning. Utan avtal med BUS måste tillstånd sökas inför varje användningstillfälle och ersättning utgår då i enlighet med BUS prislista. Det är ett tidskrävande och ibland krångligt arbete. BUS har i samverkan med Sveriges Konstföreningar tagit fram ett enkelt avtal, så föreningen kan använda samtliga cirka 60 000 BUS anslutna konstnärers verk och använda dem lagligt. Samtidigt bidrar de till att konstnärer får ersättning.

Andra branschspecifika avtal som BUS hanterar:

- auktionshus
- dagstidningar
- kommuner
- museer
- Tv-avtal

BUS samarbetar med liknande organisationer runt om i världen. Ju mer internationellt verksamma vi blir, desto viktigare att våra rättigheter bevakas och respekteras runt om i världen. Jag har försökt sammanfatta de viktigaste punkterna här, betydligt mer information hittar du på BUS hemsida www.bus.se

Kommuner köper konst

Det har tagit mig rätt många år att få grepp om hur det fungerar. Var finns pengarna, vem bestämmer, hur bär jag mig åt för att få snurr på min verksamhet? Många konstnärer bedriver sin verksamhet inom det närmaste geografiska området. De ställer ut på närliggande konsthallar och gallerier och det är inte ovanligt att samma konstnär visas i den ena kommunen efter den andra inom några mils avstånd. I mitt stilla sinne undrar jag om det inte vore roligare för besökarna att få lite mer variation?

De flesta kommuner har en konstbudget för inköp av konst, vars omfattning varierar i takt med kommunens storlek. I vissa kommuner finns en inköpskommitté, i andra är det den konstansvarige i kommunen som fattar besluten, både om inköp och utställningar. För det mesta handlar de från utställande konstnärer i den egna kommunens konsthall eller museum. Därför blir det så viktigt att komma in på de kommunala inrättningarna. Därav inte givet att det blir inköp, för det säger sig självt att budgeten inte räcker till inköp från alla utställande konstnärer. Eller som hände mig en gång, alla pengarna hade redan gått åt till ett jätteprojekt. När man väl sålt in sig till en kommun, då är det inte som med andra långa säljprocesser, att man skapat en relation som man bygger vidare på år efter år. Det törstas ständigt efter nya upplevelser, så det är osannolikt att man får ställa ut där fler gånger under de närmaste åren. Tio år senare är det nya människor på plats och hela säljprocessen börjar om från början.

Jag kan lugnt säga att så mycket sälj och presentera, presentera, presentera som jag sysslat med sen jag blev konstnär har jag aldrig tidigare skådat. I de flesta yrken är en utdragen säljprocess också förknippad med en långvarig relation och belöning i proportion till allt förarbete. Men icke för konstnärer, som tills MU-avtalet kom till även förväntades göra utställningen utan ersättning "för en chans att visa upp sig". Än så länge har medverkande- och utställningsersättningen inte nått ända ner till gräsrötterna. Vi är mitt inne i ett trendbrott, en rejäl attitydförändring gentemot konstnären som kreativ entreprenör, som tar tid att förankra. När konstnärsorganisationer förklarar för politiker hur det ligger till så är steget kort till "självklart ska konstnärerna få betalt".

Att ställa ut och bli inköpt av kommuner är viktigt av flera skäl. Utställningar är meriterande och ger vuxenpoäng. Varje utställning är en erfarenhet i att sätta ihop, hänga, presentera och tänka igenom sitt konstnärskap. Mötet med en ny publik ger insikt i hur olika människor upplever konsten. Frågorna och kommentarerna ger upphov till ny inspiration och eftertanke. Man får en chans att visa upp sig i den lokala pressen och samlar därmed ytterligare material till sin folder med pressklipp. Har man tur köper kommunen ett konstverk eller två, som inte bara ger inkomst för dagen utan läggs till IV poängen som administreras av BUS.

Vissa kommuner har återkommande utställningar där de visar den senast inköpta konsten. Det är ju roligt för skattebetalarna att se vad de fått för sina pengar. Inköpt konst placeras ut i kommunens verksamheter. Det är den konstansvarige i kommunen som inventerar och sköter rotationen på kommunens konst. Vid ny- och ombyggnation gäller speciella regler om konstnärlig utsmyckning till 1% av projektets värde.

Men hur får man kontakt med kommunerna? De är ju så många, närmare bestämt 290 stycken. Som sagt, jag gör ingenting halvvägs. När jag letade upp alla Sveriges Landsting och Kommuner för ett antal år sen, hade jag inte en tanke på att jag samlade material till en bok. Ja, det var mycket jobb. För där fanns bara den generella kontaktadressen till hela kommunen. Jag ville ju nå den konstansvarige i varje kommun. Det var inte alltid så lätt att hitta. Men jag började med kommunens webbplats, sökte på konstansvarig eller liknande. Ibland hade jag tur, ibland inte. I vissa fall hittade jag inte en personlig kontakt. I mitt presentationsmail bad jag om korrigering av adresser och har nu en rätt bra maillista. Rätt mycket pill för en lista man använder kanske en gång per år. Svaren som kommer kan vara rätt fascinerande och det tänker jag berätta om i nästa kapitel.

Utställningar och inköp i kommuner

Efter att ha samlat ihop alla mailadresser till konstansvariga i kommunerna formulerade jag ett första mail. Tack vare tekniken är det nu möjligt att kommunicera och presentera sig till en bredare skara utan att ruinera sig. Först var det diabilder, sen kom pappersbilderna, allt skickat via snigelpost med formella konstnärspresentationer i en kostsam mapp. Med dagens teknik skulle vi kunna göra ännu mera för att länka samman konstnärer med intressenter. Vi skulle kunna bygga en konstportal som databas. Jag ska berätta hur jag tänker i kapitlet 'Seriösa arrangörer möter yrkesverksamma konstnärer', men först till kontakten med kommunerna. Vid det här laget har jag ju återkommit till dem i flera år, och har på så vis oförhappandes samlat rätt intressant statistik. Förutom erbjudanden att ställa ut i ett antal kommunala konsthallar, som jag naturligtvis tackat ja till, fick jag minst sagt varierande svar. Jag har redigerat bort identifiering i texterna så det inte framgår vilken kommun som svarat vad.

Många sätt att tacka nej

- Hej och tack för erbjudande. Vi har redan utställningsprogrammet klart för kommande år.
- Tack för din förfrågan men just nu är det inte aktuellt för vår del.
- Tack för Ditt mail. Vi avböjer Ditt erbjudande om utställning och konstinköp.
- Tack för ditt mail! Tyvärr har vi ingen möjlighet att ställa ut dina arbeten i konsthallen.
- Tack för ditt brev. Vi har för närvarande inget behov av de tjänster du erbjuder.
- Och tack för ditt intresse att ställa ut i vår Konsthall. Tyvärr så måste vi tacka nej då vi via din hemsida ansåg att dina verk inte passar in i vår nuvarande utställningsverksamhet.
- Tack för din förfrågan, och för att du visat Konsthallen ditt intresse, men vi måste tyvärr avstå från en utställning av dina arbeten. Flera års utställningsprogram redan är inbokade.

- Tack för visat intresse! Vi kan tyvärr inte erbjuda dig någon utställningsplats hos oss.
- Tack för presentation och erbjudande om utställningar och tjänster. I dag är kommunens konsthall bokad lång tid framöver så vi har ingen möjlighet att boka in fler utställningar. Vid de tillfällen, förekommer inte så ofta, då vi behöver konsultation brukar vi anlita regionen konstkonsulter.

Inte nu men kanske senare

- Det är jag som bokar in utställningar i Kulturhusets utställningshall. Just nu när det fullbokat två år framåt, och jag har ännu inte börjat fundera på därefter. Jag ber att få återkomma längre fram och sparar ditt namn i min mapp för framtida möjliga utställare.
- Tack för din utställningsansökan. Vi har utställningar inplanerade i konsthallen för en lång tid framåt samt många på förslag, men vi sparar din ansökan och återkommer om det blir aktuellt med ett samarbete framöver.
- Vi har i år, dessvärre, ingen budget för konstinköp men sparar dina uppgifter för eventuellt kommande behov.
- Hej och tack för mail. Trevligt att du hörde av dig. Vi sparar ner dina handlingar och kan återkomma framöver när det finns någon öppning i utställningsplanerna. Just nu är det fullbokat men sedan.
- Vi har nu gått igenom de förfrågningar om att ställa ut vid museet som kommit in. Tyvärr har vi inte möjlighet att erbjuda någon utställning för närvarande. Men jag har det gärna i åtanke, kanske det dyker upp något lämpligt sammanhang framöver.
- Tack för din ansökan och ditt intresse för att ställa ut i kommunens konsthall. Vi kommer att ha ett möte i september avseende utställningsverksamheten för nästa år. Därmed sparar vi ditt CV och ansökan och återkommer senare under året med svar och information.
- Tack för din förfrågan om utställning i Kulturhuset. Vi visar ett tiotal utställningar per år av varierande konstarter och försöker få variation bland material, tekniker och uttryck. Vi får en stor mängd intresseanmälningar och tyvärr måste vi tacka nej till många. De vi finner särskilt intressanta sparar vi i en idébank för kommande utställningar. Vi återkommer i god tid om det kan bli aktuellt med en utställning, men som det ser ut nu den närmaste tiden är det tyvärr inte aktuellt.

Återkom senare

Ibland är det organisationsförändringar på gång.

- Hej och tack för mail angående konst i kommunens konsthall. Tack också för att du tänkte på oss. Vi ber dig återkomma hösten, dels för att vi har fullbokat nu, dels för att då börjar den nye konsthallschefen lägga nytt program.
- Tack för din förfrågan om utställning här i Kulturhuset. Just nu går det inte att göra utställningsförfrågningar men jag planerar att det skall kunna gå och göra någon gång under våren. Varför jag inte vet mer exakt är på grund av att kommunen just nu håller på och utvecklar en ny webbsida och därav en ny sida även för Kulturhuset. Det är planerat att kommunen kommer att publicera denna nya sida i början av året och på denna sida kommer jag att lägga ut information om hur man ska gå tillväga för att skicka in sin ansökan om utställning. Här i Kulturhuset arrangerar även Konstföreningen sina konstutställningar. Om du vill veta mer om deras verksamhet kontakta ordförande.
- Just nu genomgår avdelningen kultur en omorganisation av konstutställningsverksamheten då vi ska flytta in i ett nytt kulturhus under nästa år och hur programsättningen av den verksamheten ska ta form är ännu inte klart. Under nuvarande utställningsår, det vill säga i våra nuvarande lokaler, så är programmet redan satt.

Kommunens konsthall drivs av konstförening

Förvånansvärt många kommuner överlåter driften av konsthallen till den lokala konstföreningen.

- Kommunen har en konstinköpsbudget på 50 000 kr per år. Av dessa medel används ca 30 000 kr till inköp av konst från årets stipendiat. Resterande 20 000 kr används för inköp från utställningar i Stadshuset (som arrangeras av Konstgillet). Vid byggen av nya anläggningar/hus finns särskilda medel för konstnärlig utsmyckning och då görs särskild upphandling av detta. Jag noterar att du är intresserad av att lämna förslag på konstnärlig utsmyckning nästa gång det blir aktuellt för oss. PS. Kommunen har en konstnärslägenhet som vi kostnadsfritt kan upplåta bland annat till yrkesverksamma konstnärer. Om du har intresse av detta så ringer du mig.
- Du är intresserad av att ställa ut på vårt Galleri som drivs av Konstföreningen och Kulturnämnden. Vi får många ansökningar, och i april varje år, träffas vi och går igenom de cirka 50 ansökningar, som brukar

komma in, och väljer ut de som får ställa ut under våra vanligtvis 12 utställningsperioder. Du är välkommen att söka.

- Tack för ditt erbjudande! Mitt råd till dig är att ta kontakt med Konstgillet. Det är dom som beställer och arrangerar kommunens konstutställningar. Jag är den som oftast köper in konst till kommunen. Inköpet görs oftast i samband med en utställning. Förra året invigde vi vår nya fina konsthall. Tänk om din konst en dag kunde finnas där. Vi har en policy att i huvudsak köpa in konst av konstnärer ifrån de närliggande länen, men visst gör vi undantag.
- Jag har vidarebefordrat ditt mail till Bild- och konstföreningen som sköter konstutställningarna hos oss.
- Jag skickar din fråga vidare till konstföreningen som ansvarar för urvalet av utställande konstnärer i utställningshallen på biblioteket. Har du ytterligare frågor kan du maila till konstföreningen direkt.
- Tack för din förfrågan om utställning i konsthallen. Vi är en ideell förening som driver utställningsverksamheten i konsthallen, som ägs av kommunen. Vi har inbokade utställningar för hela nuvarande år. Du är välkommen med din ansökan för nästa år.
- Ditt mail som du sänt till kommunen har vidaresänts hit till konsthallen. En konsthall som konstföreningen ansvarar för. Vi har nyligen haft höstens planeringsmöte då vi tittar på de ansökningar som vi fått. Nästa möte blir i april-maj. Om du vill söka utställning här är vi glada om du sänder bilder samt CV hit till Konsthallen.

Min erfarenhet är att kommuner har helt andra utställningsvillkor än konstföreningar. Jag har tackat nej till flera konstföreningar på grund av oskäliga villkor. Så naturligtvis ville jag veta: Hur ser upplägget ut mellan er förening och konstnären? Frågan gick vidare till samtliga som vid senaste utskicket hänvisat till konstföreningen. Inte en enda konstförening svarade.

Kommunen har ingen egen konsthall

- Inköp av konst till kommunen sker löpande under året. Vi besöker först och främst de lokala utställarna och galleristerna då vi vill gynna deras verksamhet i första hand. Jag ska ha dig i åtanke när konstutskottet träffas nästa gång. Mitt förslag är också att du kontaktar några av våra gallerier samt konstföreningen. Kanske är de intresserade av att arrangera en utställning?
- Tack för ditt erbjudande. Kommunen har idag inte en konsthall eller fast utställningsyta tyvärr. Jag skickar ditt brev vidare till de som arbe-

tar med att dels vara informationscenter för miljöprojekt samtidigt gör de konstutställningar i samma lokal.

Kommunen har konsthall men hänvisar till hyrgalleri i kommunens regi

- Konstnärer har möjlighet att hyra Salongen på Rådhuset till sommaren. Ännu är det inte klart vilka veckor vi har tillgång till lokalen. Är du intresserad av detta så kontaktar du mig.
- Hej och tack för din förfrågan om att ställa ut vid kommunens museum. Vi har nu äntligen haft en genomgång av de ansökningar som kommit in. Det är många som vill ställa ut och tyvärr kan vi inte erbjuda någon utställning för närvarande. Jag kan dock tipsa om Ladan på Museigården som vi hyr ut sommartid. Den är visserligen uppbokad hela sommaren, men om du är intresserad så har vi inte satt tiderna för nästa år än.

De sista svaren gjorde mig helt paff. Det är ju en förolämpning att kommuner tar betalt av yrkesverksamma konstnärer, dessutom förväntas konstnären vakta och sköta allt själv.

Det kanske blev lite långrandigt, men det visar ju hur olika kommunerna hanterar frågan om utställningar och inköp. Det känns ju betydligt bättre att veta att det är en kommitté som sätter sig och går igenom alla ansökningar, att det finns en djupare och mer långsiktig planering. När jag pratat med olika utställare är det intressant att höra hur de gått tillväga för att bli bokade. Ibland har de bara råkat ringa när den konstansvarige varit på rätt humör och tackat ja direkt. Det känns ju mer som lotteri än genomtänkt strategi. Många mindre kommuner tillämpar helt enkelt en väntlista av kvalificerade utställare och tar dem i tur och ordning.

Skapa en utställning

Att bli erbjuden att ställa ut är bara början på arbetet. Visst tar det tid med alla kontakter och presentationer, men sen är det mycket mer som ska till innan allt är klart. Det är ett projekt med många moment. Kanske inget man tänker på när man går ett varv på galleriet, för att bli inspirerad en ledig lördag.

Jag föredrar att skapa konsten först och sen sälja in utställningarna. En del konstnärer gör tvärtom, säljer ett koncept och har därefter en deadline att producera till. Jag föredrar att låta den kreativa processen ha sin naturliga gång, att inte behöva tvinga fram något. Jag gillar friheten i att kunna släppa lös den skapande kraften och låta konstverket mogna fram. Måleriet behöver vila mellan varven, en duk kan ha många många lager, det är en utforskande och spännande process där jag tvingas släppa taget om vad jag vill. Att låta känslor och intuition styra, att våga testa gränserna, känna in, ta sig ur det mentala fängelset om hur det ska se ut. Att finna mod att sluta i rätt tid, eller tvärtom, att måla över något som är bra, men som i nästa nivå blir ett "yes! där satt den". Jag älskar friheten i att måla när andan faller på. För alla konstnärer tar det tid att lära sig teknikerna, men den största biten är nog att hitta sin egen väg, sitt unika sätta att jobba, och det fortsätter hela livet. Det är inte så att man hittar sin identitet och sen var det klart.

Jag följer Georgia O'Keeffes råd och har konstverk för minst tre soloutställningar färdiga i min ateljé. Varför tänkte hon så? För det första signalerar det till samlare, museer, curatorer och gallerister att man är seriös och produktiv samt konsekvent kan producera nya verk. För det andra kan man lätt tacka ja till möjligheter med kort varsel. Det händer oftare än man tror. Det är sorgligt att höra kollegor berätta att de tackat nej för att de hade producerat för lite. För det tredje så kommer möjligheterna ofta på samma gång. Helt plötsligt är man bokad för tre utställningar samtidigt. Då är det roligt att tacka ja. På många sätt är det enklare att göra flera utställningar parallellt, det blir en synergi i planeringsarbetet. Då ligger fokus på att nå ut med sin konst, en helt annan energi än när man är i skapande fas och helst sätter upp "stör mig inte" skylten.

Det första som händer efter att en utställning är bokad är att skriva kontrakt. Jag ser fram emot den dag då MU-avtalet gäller för alla utställande institutioner i Sverige när kontrakt skrivs med yrkesverksamma konstnärer. Sakta men säkert sipprar den längre och längre ner i kedjan. Det är bara en tidsfråga i samband med förnyade attityder och synsätt. Svenska staten visar med hela handen hur konstnärer ska ha betalt, både för sin tid och för visning av sina verk. Det är också viktigt att vi konstnärer är medlemmar i de förhandlande organisationerna KRO/KIF, Svenska Tecknare och Svenska Fotografers Förbund. De är våra fackföreningar och tillsammans skapar vi en stolt yrkeskår. De är till stor hjälp när vi har frågor om kontrakt och mycket mer.

Med kontraktet kommer oftast en skiss på utställningslokalen. Jag vill veta hur stor den är, var det finns fönster och dörrar, detaljer om ljussättning och hängning. Så börjar jag fundera på publiken, i vilket sammanhang ska min konst visas, vilka verk skulle passa in i lokalen och årstiden. Platsen spelar roll. Både inne och ute. Jag försöker skapa mig en uppfattning om omgivningen och människorna som kan tänkas komma se min utställning. Så börjar det forma sig till ett tema, jag väljer ut tavlor och sorterar, tänker mig in i sammansättningen och hur jag får ihop det till en helhet. Jag funderar på färger, storlekar, prissättning. Jag väljer konstverk till affischen. Det är viktigt, det är EN bild som ska förmedla hela budskapet. Ibland förundras jag över att utställningsansökningar ska vara så mångordiga om vad man vill och hur man tänker, när det i slutändan bantas ner till en bild, ett namn och kanske en titel på själva utställningen. Alla de finurliga filosofiska utsvävningarna går förlorade. Jag har testat lite olika sätt att fånga upp besökaren, att få dem att stanna upp, inte bara gå det där varvet med en flyktig blick.

När urvalet av konsten är klar återstår att göra prislista, affisch/vernissagekort, kopior på CV och annat presentationsmaterial, uppdatera hemsida och skicka ut inbjudningar, planera resa och boka övernattningar, boka pressvisning, planera hängning och vernissage samt avslut med utställningsarrangören. Innan utställningen startar brukar hängning av konst och pressvisning ske en eller två dagar innan. Det är ytterst sällsynt att alla verk i en utställning säljs, så man får planera att hämta resterande verk vid utställningens slut. Om det är långt bort blir det ytterligare övernattningar. Det blir många timmar och en hel del kostnader, som i och med MU-avtalet bekostas av arrangören. Men än är vi inte där.

Politiska och praktiska frågor

Eftersom konsten till så stor grad är finansierad av skattepengar blir det särdeles viktigt att någon för vår talan inför politikerna. Det gäller alla nivåer, från kommunpolitiker och landstingsråd till riksdagsledamöter och ministrar. Hur kan de förvalta de offentliga finanserna på ett vettigt sätt så konsten och konstnärerna kommer till sin rätt? Hur kan de skapa långsiktiga visioner så vi vet vad som gäller?

Till vår hjälp har vi ett antal organisationer, i tillägg till BUS, som jag ska berätta om i de kommande kapitlen. Nyligen flyttade våra representanter in på samma adress i huvudstaden. Det känns riktigt bra, det blir bättre samverkan och en ännu starkare röst inför politikerna.

De politiska frågorna är många:

- offentliga upphandlingar
- 1% regeln vid ny- och om-byggnation
- utsmyckningsuppdrag
- utställningskontrakt
- visningsersättningar
- stipendier
- artist in residence
- internationellt kulturutbyte
- upphovsrätt
- armlängds avstånd

...och så vidare

Våra organisationer hjälper oss med många praktiska frågor, de agerar bollplank, ger oss stöd och hjälper oss fatta vettiga beslut. Här är ett litet axplock:

- kontrakt
- avtal

- skatter
- företagande
- kollektivverkstäder
- upphovsrätt
- kurser
- vidareutbildning
- nätverk
- export
- juridisk rådgivning
- löpande information om vad som händer
- uppdatering om möjligheter för konstnärer

...och mycket mer

Det är ju inte bara politiker som styr över besluten. Anställda inom stat, kommun och landsting har makt att skriva både bra och dåliga kontrakt, där attityden gentemot konst och konstnärer spelar en betydande roll. Det är förstås roligare när man stöter på personal som visar stort engagemang och har ett starkt intresse för konst. Många frivilliga engagerar sig i konstföreningar och av naturliga skäl är de inte alltid så insatta i vad som gäller.

KRO Konstnärernas Riksorganisation

Eftersom jag är bildkonstnär så är KRO den mest eftertraktade organisationen att vara med i. Det sker ingalunda per automatik. Att säga "jag vill gå med i er fackförening" fungerar icke. Här måste man bevisa att man förtjänar att kallas yrkesverksam konstnär. Det är bra, det garanterar en hög kvalitet inom konstnärskåren.

KRO är remissinstans när politiska frågor är uppe på dagordningen. KRO är förhandlande part med svenska staten när nya avtalsmallar tas fram. När något händer i konstens sfär, är KRO med i media. De för talan för yttrandefrihet, både för oss som bor här och utländska konstnärer som söker en fristad. De hjälper oss genom snårskogen offentliga upphandlingar. De yttrar sig när politiker och tjänstemän behöver ta sitt förnuft till fånga.

Som medlem i KRO får man tillgång till ovärderlig hjälp med stöd och goda råd. Det ger också pondus när man pratar med till exempel gallerier. Genom KRO kan jag söka ateljévistelser på olika platser i världen, så kallade Artist in Residence. Jag får hjälp med kontrakt när jag ska förhandla med konstföreningar eller kommuner. Jag får tillgång till ett starkt nätverk. Konstnärer, i likhet med författare, är till stor del ensamvargar, vi jobbar självständigt i vår egen värld. Därför blir det ännu viktigare att förstå var ribban ska ligga för en yrkesverksam konstnär.

För att söka medlemskap i Konstnärernas Riksorganisation, KRO, behöver man uppfylla vissa kriterier. För de som gått den organiserade vägen, det vill säga via en högskola för konstnärlig utbildning, är ansökan enkel. Har du klarat en konstnärlig högskoleexamen från konsthögskolorna i Stockholm, Göteborg, Malmö och Umeå, Konstfack, Högskolan för design och konsthantverk (HDK), Beckmans Designhögskola eller Högskolan för fotografi och film eller jämförbar utländsk högskoleutbildning med inriktning på bild och form, så är du direkt kvalificerad att söka.

För oss som gått den oorganiserade vägen, via diverse kurser och utbildningar, som samlat en brokig skara meriter under resans gång, är det lite mer komplicerat. Vi behöver bevisa att vi är på samma nivå som de högskoleutbildade; med gedigen utbildning och erfarenhet samt konstnärlig och teknisk kvalitet och uttrycksförmåga. Invalet är jurybedömt. Här krävs minst fem års dokumenterad yrkesverksamhet och bildkvalitet, eller så kallad verkshöjd, av samma klass som de högskoleutbildade konstnärerna. Som yrkesmeriter räknas dokumenterad utställningsverksamhet, utsmyckningsuppdrag, konstprojekt, stipendier, tid i yrket, produkter i produktion, recensioner, annan konstnärlig verksamhet exempelvis konsultuppdrag, pedagogiska uppdrag med mera. Vid bedömningen görs en sammanvägning av den sökandes meriter i sin helhet.

Första gången jag sökte till KRO kom jag inte in. Jag fick rådet av en kollega att söka till SK, Svenska Konstnärsförbundet, eftersom deras invalskriterier ställer lägre krav. Men jag tänkte att ska jag syssla med det här, då ska det vara på proffsnivå. Jag insåg att jag hade sökt med för tunna meriter, jag behövde mer vuxenpoäng för att passera ribban. Jag jobbade vidare med att förkovra mig på alla sätt, det blev många nya punkter på CV:n. Nästa gång kom jag in. Det är jag oerhört stolt över.

Både KRO och KIF har var sin invalsjury som beslutar om inval av nya medlemmar. Normalt brukar det vara två möten per år för respektive organisation. En gång på hösten och en gång på våren. Ledamöterna utses på respektive organisations Riksmöte. 2013 sökte 124 personer om medlemskap i KRO, 10(8%) kom in. Till KIF sökte 15 och 4(27%) kom in.

KRO har precis fyllt 75 år. De behövs lika mycket idag som dagen de bildades. Tidningen Konstnären nr 03/04/2012 har en mycket bra artikel om KRO:s historia.

KC Konstnärscentrum

För det mer konkreta arbetet att förmedla kontakten mellan konstnärer och uppdragsgivare skapades regionala konstnärscentrum, KC:

"Konstnärscentrum förmedlar konst och konstnärer, rådgivare och konsulter för olika typer av konstnärliga uppdrag och projekt. Konstnärscentrum är konstnärernas uppdragsförmedling - konstnärsdriven och utan privat vinstintresse. Vi arbetar aktivt för att skapa arbetstillfällen, utveckla konstnärers arbetsområden, tillvarata de yrkesverksamma konstnärernas arbetsmarknadsintressen samt för att konstnärers kompetens nyttjas i ett brett spektrum." www.konstnarscentrum.org

Här får konstnären information om offentliga upphandlingar, aktuella projekt, kurser, utbildningar, temadagar, skapande skola, ateljéer och samarbetsmöjligheter. Vi får hjälp att presentera oss på olika sätt för att nå rätt uppdragsgivare.

Via KC får uppdragsgivare tillgång till konstkonsulter som är specialutbildade i att ge råd och hjälp med konst och konstnärer till projekt av varierande art. Konsulterna är aktivt involverade i regionala planer för projekt och upphandlingar. Vid offentliga upphandlingar kan konsulterna anlitas för att ledsaga projektet med professionell och säker hand. KC Väst i Göteborg driver dessutom galleri i sina lokaler.

Medlemmarna i KC är professionella konstnärer från hela landet. De arbetar med såväl konstnärliga utsmyckningar och objekt som projekt, installationer och verk av mer tillfällig karaktär. Kriterierna för medlemskap är i princip samma som hos KRO/KIF.

Fler konstnärsorganisationer

Listan över konstnärsorganisationer kan göras rätt lång. Här tar jag med de viktigaste utöver BUS, KRO och KC.

KIF, Föreningen Sveriges Konsthantverkare och Industriformgivare

"Organiserar konstnärer och konsthantverkare som arbetar med tillämpad konst, det vill säga tillämpar sina konstnärliga kunskaper i specifika material. KIF bildades 1961 och vill genom sitt arbete förbättra den ekonomiska och sociala situationen för sina medlemmar. Vi är remissinstans i kulturpolitiska, skattetekniska och arbetsmarknadspolitiska frågor. Vi är även avtalspart i frågor som rör de olika formerna av utställningsersättning och vi har rätt att föreslå ledamöter till Bildkonstnärsfondens styrelse.

KIF vill också sprida kunskap om gott svenskt konsthantverk och god formgivning, bland annat genom att påverka riksdag, kommun, landsting och massmedia. Föreningens medlemmar arbetar till största delen i egna verkstäder och ateljéer. De traditionella materialen är glas, keramik, metall, textil och trä. Med konsthantverket som bas varierar arbetet från bruksgods till unika verk i offentlig miljö. En del medlemmar arbetar därutöver som formgivare inom industrin, som anställda eller på frilansbasis."
www.kif.se

Sedan drygt tio år tillbaka arbetar Konstnärernas Riksorganisation (KRO) och Sveriges Konsthantverkare & Industriformgivare (KIF) tätt tillsammans genom ett gemensamt kansli.

SK, Svenska Konstnärsförbundet

"Förbundet bildades 1975 och är ett fleryrkesförbund för yrkesaktiva konstnärer inom kategorierna bild, konsthantverkare, skulptör, illustratör, grafiker, foto- och videokonstnärer samt smides- och textilkonstnärer. Förbundet är en självständig och partipolitiskt obunden organisation, ett alternativ för landets yrkesverksamma konstnärer. Vi är också remissinstans i lagfrågor och kulturpolitiska utredningsförslag."

De flesta som är medlemmar i Svenska Konstnärsförbundet är fritidskonstnärer, i den meningen att den konstnärliga verksamheten sällan är den huvudsakliga sysselsättningen. Det är inte måleriet som betalar hyran, maten och dagisavgifterna för organisationens medlemmar. www.konstnarsforbundet.se

SFF, Svenska Fotografers Förbund

"SFF:s främsta uppgift är att stärka och utveckla yrkesvillkoren för fotografer. Verksamheten innefattar allt från rådgivning i pris- och upphovsrättsfrågor, teknisk support till avancerad utbildning och riktlinjer för hur branschen ska hantera digitala bilder. SFF är remissinstans för lagförslag som rör fotografer och bildmedia och representerar kåren i olika samarbetsnämnder och stipendiesammanhang. SFF bevakar fotografernas upphovsrätt genom remisser, opinionsbildning och samarbete med andra upphovsmannaorganisationer i Sverige och Europa, och tecknar kollektiva avtal på områden som ligger utanför den enskilde fotografens kontroll - som biblioteksersättning, utställningsersättning, avtal om kopiering i skolor och vidaresändning av television i kabel. Avtal som dessa balanserar upphovsrättslagens inskränkningar och ger fotograferna betalt när bilderna används. SFF startades 1895 och är därmed en av Sveriges äldsta branschorganisationer." www.sfoto.se

ST, Svenska Tecknare

"Svenska Tecknare är en intresseorganisation som organiserar illustratörer, grafiska formgivare, animatörer och serieskapare. Vi arbetar med att stärka och utveckla yrkesrollen för våra medlemmar men strävar samtidigt efter att stödja alla som är verksamma inom fältet. Svenska Tecknare har runt 1300 medlemmar. Föreningen ger ut medlemstidningen **Tecknaren** som kommer ut med 6 nummer om året. Dessutom arrangerar Svenska Tecknare det årliga projektet **Kolla!** där huvuddelen består av en jurybedömd tävling i tre huvudkategorier: illustration, grafisk design och rörlig bild.

- Erbjuder kvalificerad arvodes- och avtalsrådgivning.
- Arbetar för att stärka upphovsrätten.
- Driver frågor inom kultur- och näringspolitik.
- Erbjuder utbildning och inspiration.
- Bygger samarbeten med andra konstnärsorganisationer.
- Förbättrar i trygghetssystemen för frilansare.

- Verkar som remissinstans för lagförslag och regeländringar.
- Utvecklar och stärker nätverk mellan medlemmarna."

www.svenskatecknare.se

Skulptörförbundet

"Förbundet grundades 1975 under mottot: "En ideell förening för aktiva skulptörer, som utåt skall arbeta för att främja skulptur och skulptörers intressen och inåt verka för solidaritet och kamratskap". Skulptörförbundet skall verka för att konstnärernas arbetssituation förbättras och att konstnärernas kunskaper tas till vara i olika sammanhang. Skulptörförbundet skall också verka för att öka intresset för skulptur och offentlig konst hos allmänhet, kulturinstitutioner och media. Trots att konst förs ut i det offentliga rummet och blir sedd av en mycket stor publik, är ofta den massmediala uppmärksamheten dålig eller helt obefintlig. Avsaknaden av en offentlig diskussion gör också att det konstnärliga arbetet hamnar i ett vakuum. Vi vill att offentlig konst synliggörs och debatteras." www.skulptorforbundet.se

Konsthantverkscentrum - KHVC en länk till det främsta inom svenskt konsthantverk

"KHVC är Sveriges största branschorganisation för konsthantverk. KHVC:s medlemmar står för klass och kvalitet. Våra cirka 800 anslutna konsthantverkare har alla minst kandidatexamen från någon av högskolorna inom området eller motsvarande erfarenhet. KHVC representerar över 800 av de professionellt verksamma konsthantverkarna i hela Sverige. Vår uppgift är att ge råd, informera och skapa kontakter mellan utövare och brukare. Vi stödjer medlemmarna i såväl deras konstnärliga och kulturella utveckling som i deras företagande. Vi förmedlar också information och kunskap om konsthantverket i stort. KHVC har kontor i Stockholm, Göteborg och Malmö." www.konsthantverkscentrum.se

MU - Medverkande och utställningsersättning

Jag har redan nämnt MU-avtalet flera gånger. Nu är det dags att titta lite djupare på vad det handlar om. MU står för medverkande och utställningsersättning. Det är ett statligt avtal mellan regeringen och våra konstnärsorganisationer. I grunden ligger ett förändrat synsätt på konstnärer och deras medverkan vid utställningar. Här behandlar man konstnären som den entreprenör och företagare som hon faktiskt är. Attityden att konstnären ska ställa upp gratis passeras till historien. Man kan likna en konstutställning vid en teateruppsättning, där det skulle vara fullkomligt otänkbart att inte arvodera professionella skådespelare för repetitioner och föreställningar.

MU-avtalet är bindande för alla statliga institutioner. Många gallerier och konsthallar tillämpar redan MU-avtalet, för de förstår att det höjer deras attraktionskraft inför konstproffsen. Tanken är att avtalet ska bli standard för hela konst-Sverige: att kommuner, landsting och andra arrangörer ska tillämpa avtalet när yrkesverksamma konstnärer anlitas. Avtalet gäller alltså inte hobbyister och amatörer. Den stora frågan, speciellt för mindre kommuner, är hur ersättningen ska finansieras. Om vi menar allvar med en levande landsbygd så skulle det gynna alla att en del av MU-ersättningen kom från en gemensam pott. En mindre kommun kanske har råd med mellan en och tre MU-utställningar per år. Med en gemensam pott skulle de ha råd med fler.

MU-avtalet innehåller ett flertal delar. KRO/KIF och andra konstnärsorganisationer arrangerar kurser för både konstnärer och arrangörer. Det bedrivs ett aktivt arbete att informera samt ha en löpande dialog om införandet av MU runtom i Sverige. Andra länder följer med stort intresse den djupa förändring som Sverige nu står i täten för. När jag gick MU-kursen fanns representanter från andra nordiska länder på plats, för att kunna implementera MU i sina egna länder. Det känns oerhört positivt, att regelverket kan komma att se likadant ut på den internationella arenan. På KRO/KIF:s hemsida finns avtalsmallar och all information som kan behövas för att förhandla och teckna ett MU-avtal, inklusive boken MU Vägen till ett avtal, som jag varmt kan rekommendera. Eftersom tarifferna räknas upp efterhand har jag valt att inte ta med alla siffrorna här, utan sammanfattar de olika delarna som ingår i kontraktet. Institutionerna delas upp i fyra kategorier, huvudsakligen baserat på besöksantalet:

1. Större museer och konsthallar med mer än 100 000 besökare per år
2. Medelstora museer, länsmuseer, större konsthallar och kulturhus med mellan 50 000-100 000 besökare per år
3. Mindre museer och medelstora konsthallar med mellan 10 000-50 000 besökare per år
4. Små konsthallar och utställningsrum samt fria arenor med färre än 10 000 besökare per år

När jag gick MU-kursen 2012 låg ersättningsnivån på 100 000-200 000 kronor för utställningar på mellanstora konsthallar i kategori 2 och 3.

Första delen av kontrakten handlar om **var, när och hur** utställningen ska presenteras. Alla viktiga delar, som kommer efter den långa och besvärliga insäljningsprocessen. Det är viktigt att man sätter på pränt vad man kommit överens om. Det sparar mycket tandagnissel om det skulle uppstå missförstånd.

Arrangörer står alltid för **frakt** och **försäkring**, samt **teknisk utrustning** .

Resor och uppehälle för konstnärer förhandlas mellan parterna. Detta förvånar mig. Det borde vara en av de första kostnaderna som tillfaller arrangören. Det är en direkt utgift för konstnären och är en av de största anledningarna till att konstnärer tvingas tacka nej till att ställa ut. De har helt enkelt inte råd att bekosta resorna och uppehället själva.

Övriga kostnader är till exempel podier, stafflier, affischer, vernissagekort och annonser som bör bekostas av arrangören. I många fall gör konstnären layouten själv för vernissagekorten och bör då få betalt för sin tid. Eftersom vi lever mer och mer via nätet, kan marknadsföringen till största del skötas elektroniskt. Det håller kostnaderna nere för alla parter och ger mer utrymme att betala konstnären - utan vars medverkan det inte skulle finnas någon utställning att visa.

Medverkandeersättningen omfattar flera delar:

Om utställningen är en beställning, eller om verken skapas enbart för detta utställningstillfälle, står arrangören för **produktionskostnaderna** av verken. Det är nog enbart de riktigt stora konsthallarna som har möjlighet att tänka i dessa banor. I de allra flesta fall har konstnären redan producerat sina verk. Om arrangören bekostar produktionen så har de egentligen gjort ett inköp. Ska detta belastas utställningsverksamhet? Blir det inte lite snedvriden konkurrens? Eva funderar... det finns ju redan stipendier för detta ändamål.

Konstnärens tid ska bekostas av arrangören, enligt KRO/KIF:s tariff, för följande aktiviteter: planering, hängning, pressvisning, resor, möten, vernissage och PR-aktiviteter, sammanställning av prislistor, CV, pressmeddelanden, avslut och nedmontering. Relaterade direkta kostnader för konstnären står arrangören för.

Provision. Om konstverken som ställs ut är avsedda för försäljning regleras detta i en separat bilaga. Vore det inte enklare att skriva in procentsatsen för provision? Om det är ett kommersiellt galleri som är arrangör, gäller naturligtvis provision, för galleristen är en säljare. Men hur mycket får de ta? Förr var tydligen normen runt 30%, idag är det inte ovanligt att de tar 40% eller till och med 50%. Mer än så är definitivt oskäligt. Men om arrangören är en offentlig instans? Ska vi betala provision då? Nej, det tycker inte jag. För det första har inte intendenten en säljande funktion. Deras uppdrag är att visa konst oavsett om det har ett kommersiellt värde eller ej. De arrangerar utställningar för allmännyttan. Risken är om offentligt finansierade konsthallar börjar ta provision så hamnar fokus på fel ställe. Då är det popularitet som gäller. Då är det säljbart som driver utbudet. Och där vill vi inte hamna. Då kan vi lika gärna ha konst på torget, och skattepengarna kan läggas på annat. För offentligt finansierade instanser ska inte driva kommers och konkurrera med galleriverksamheten. Här igen krävs ett omtänk, det är inte konstnären som ska betala. När provision tas ut får vi ännu mindre intäkter. Tanken bakom MU är att konstnären ska kunna leva på sin konst.

Efter punkterna om medverkandeersättning kommer **upphovsrättsligt nyttjande**. När konstnären är medlem i BUS, Bildkonst Upphovsrätt i Sverige, blir det enkelt. Allt upphovsrättsligt nyttjande ersätts enligt BUS tariff. Om konstnären inte är ansluten till BUS behöver varje upphovsrättsligt nyttjande skrivas in i avtalet. Allt från publicering av konstbilder på arrangörens hemsida till användning i tryckt material, till exempel vykort, affischer, broschyrer och kataloger.

Utställningsersättning. Arrangören betalar konstnären för rätten att visa verken inför publik. Summan avgörs enligt tariff för MU; den varierar beroende på hur stor eller liten konsthallen är, hur många besökare de får, utställningens längd och antal utställare. Utställningsersättningen är inte förhandlingsbar, den måste arrangören betala. Utställningsersättningen får inte användas för att täcka konstnärens kostnader.

Kommersiella villkor. Förutom ovan punkter ingår en del klausuler om det skulle hända något, till exempel vid tvist eller avbrott, stölder eller andra förhinder. För mig som har jobbat som inköpschef på storföretag är det en självklarhet att ha en standard för de kommersiella villkoren. De har nu förhandlats fram mellan staten och konstnärsorganisationerna så vi slipper uppfinna hjulet på nytt varje gång en utställning ska bokas. Bra jobbat!

Politiker, administratörer, byråkrater och konstnärer

Innan vi grottar ner oss alltför djupt i problemen, vill jag lyfta fram lite ljuspunkter, guldkorn, det man på engelska skulle kalla "the unsung heroes". Som ni kanske märkt är jag en förkämpe för en levande landsbygd och är själv ingen storstadsmänniska. Jag hämtar en stor portion av min inspiration från naturen och universum. Jag tycker det är spännande att ställa ut även i mindre kommuner, där personalen visar stort engagemang och har ett starkt intresse för konst. Det är så roligt att höra publikens reaktioner och tankegångar, vad de ser i min konst, vad de upplever. Men utan den konstansvarige som tackat ja till min förfrågan om att ställa ut, skulle det inte bli något för publiken att uppleva. I en liten kommun är det inte ovanligt att den konstansvarige sitter på ett flertal stolar, som bibliotekschef, kultursamordnare och dylikt. Deras entusiasm och djupa delaktighet att visa konst för sin bygd, vare sig det rör sig om internationella proffs, lokala amatörer eller elevernas senaste kreationer, ger så många ringar på vattnet. De är guld värda. Men vad hjälper det om den konstansvarige inte får gehör från ekonomiavdelningen eller politikerna?

MU-avtalet är ett jättekliv i rätt riktning. Det tar tid att ändra attityder. Det tar tid att ändra invanda mönster. Ibland krävs det ett rejält omtänk för att komma till nästa nivå. I Sverige är en mycket stor del av konstvärlden finansierad med offentliga pengar. Det är vi skattebetalare som bekostar inköpen till stat, kommun och landsting. Det är vi skattebetalare som finansierar offentliga utsmyckningar. Det är vi skattebetalare som står för utställningsverksamheten. Fram tills nyligen har alla i kedjan fått betalt, förutom konstnären. Politikern som sitter i kulturnämnden. Den konstansvarige på landstinget. Kulturutvecklaren i kommunen. Curatorn som arrangerar utställningar. Projektledaren på Statens konstråd. Inköparen för en offentlig upphandling. Vad man missat i hela ekvationen är att utan konstnären skulle de inte ha ett jobb. Det känns som fler och fler byråkrater och administratörer tar del av kulturkakan, men vad händer för de professionella utövarna, det vill säga vi som gör det möjligt för hela karusellen att existera?

Är det en politisk fråga? Eller en fråga om offentlig förvaltning? Det är både och. Det gäller att tänka steget längre. Att fundera på konsekvenserna av kortsiktiga beslut, som belönar beteendet att trolla bort konstnärens rättigheter vid förhandlingar. För visst är det så, att vi är i underläge. Den enskilde konstnären ställs mot en betydligt större organisation. Det är som David och Goliat. Vad man glömmer i dessa fall är värdet av konsten, att den ger så mycket mera tillbaka än den kostar. Ett exempel är forskningsprojektet för Nordiska Akvarellmuseet som visar det samhällsekonomiska värdet.

EN krona ger tjugo.

"John Armbrecht och Tommy D. Andersson vid Handelshögskolan i Göteborg presenterade forskningsresultat där de med hjälp av en ny metod satt pengavärde på kulturupplevelser. Forskningen visar att ett besök på museet värderas högt och varje krona som satsas av offentliga medel ger 20 kronor tillbaks till Tjörn och regionen." akvarellmuseet.org

När politiker, byråkrater och administratörer värdesätter de professionella konstnärerna och ser till att skriva skäliga kontrakt, tjänar alla på det. Vi får ett rikare kulturliv och konstnären får det erkännande de förtjänar. Vi ses som en tillgång för ett bättre samhälle i stället för ett besvärligt moment som förväntas ställa upp gratis och till och med betala för rätten att bli utnyttjad.

Men eftersom vi nu har ett paradigmskifte så går det inte på automatik att budgeteringen läggs om. Både politiker och offentligt anställda har ett ansvar att hitta nya lösningar. För har man råd med en konsthall, så har man råd att betala de professionella utställarna.

Om hundra år

Många konstnärer är före sin tid. Medan de lever och skapar säljer de ett fåtal verk, men efter deras död återfinns konsten på auktionshusen för fantasibelopp. Hundra år senare slåss museerna runt om i världen om att få ställa ut konstnärens samlingar, som nu har blivit högaktuella. Först nu är allmänheten mogen att förstå vad konstnären uttryckte med sina verk. Men vem ska bedöma konst om vi är före vår tid?

Jag har ingen aning om hur min konst kommer att uppfattas retrospektivt, men det ligger i sakens natur att man inte blir profet i sin egen tid, ej heller på hemmaplan. Kanske konst behöver jäsa, mogna, ligga till sig, pyra, gro, spira, bubbla, koka... kanske konsten jag skapar i nuet är som ett frö, som jag sår, och så småningom bär trädet frukt.

När samtida konstnärer ställer ut bjuder vi på en upplevelse. Vi kanske förmedlar framtidens energier. Syftet med att ställa ut är kanske till för att hjälpa människorna att öppna sig, vidga sinnena, stretcha idéerna. När tiden kommit ikapp konsten, det är först då den uppfattas som värdefull. I många fall. Därför blir det så viktigt att offentligt finansierade utställningar inte bär kommersens giriga trångsynthet.

Ge aldrig upp

Jag är född i Skyttens tecken. Vi är obotliga optimister. Jag säger ofta "jag har inte vett att begripa att det inte går". Så visst, jag har fått många nej. Jag har fallit pladask vid mer än ett tillfälle. "Skönare lyss till en sträng som brast, än att aldrig ha spänt sin båge" skaldade Werner von Heidenstam. Det är vanligare än man tror att stora framgångar föregås av rejäla misslyckanden. Under årens lopp har många kända kreativa personer blivit refuserade och tillplattade. Några exempel:

- Beatles, vars musik refuserades av skivbolaget Decca.
- Astrid Lindgren, som fick Pippi Långstrump refuserat av Bonniers bokförlag.
- Impressionisterna, som blev refuserade på konstsalongen i Paris när det begav sig.
- Winston Churchill underkändes i sjätte klass. Han förlorade alla val han ställde upp i. Sedan blev han brittisk premiärminister vid 62 års ålder.
- Thomas Edisons lärare sa till honom att han var "för dum för att lära sig något". Han uppfann 1 000 glödlampor innan han skapade en som fungerade.
- Walt Disney fick sparken av en tidningsredaktör för att han "saknade fantasi och hade inga bra idéer".
- Albert Einstein talade inte förrän vid fyra års ålder och läste inte förrän vid sju års ålder. Hans lärare ansåg honom "långsam" och "mentalt handikappad". Men Einstein hade bara ett annat sätt att tänka. Han vann senare Nobelpriset i fysik.
- Vid Fred Astaires första provfilmning, skrev domarna: "Ingen talang som skådespelare. Kan inte sjunga. Något skallig. Kan dansa lite..." Han blev den mest berömda dansaren genom tiderna på filmduken.
- Efter Sidney Poitiers första provspelning, bad de honom att sluta slösa allas tid och "ta ett jobb som diskare..." Han gav inte upp och vann en Oscar.

- Oprah Winfrey fick sparken från sitt tv-jobb eftersom de ansåg att hon inte passade att vara i TV-rutan. Men hon kom igen och blev den obestridda drottningen på TV med sin egen show. Hon är också miljardär.
- Vincent Van Gogh sålde bara en tavla i hela sitt liv, till en vän. Han svalt ibland för att skapa de 800 målningarna som skulle bli hans livsverk. Idag är hans verk ovärderliga.

En sak har de gemensamt - de var alla banbrytande och nyskapande, och fick en enorm betydelse när de äntligen lyckades nå ut. Sen dess har deras arbete inspirerat människor över hela världen.

Det är ju ingen som vet hur man kommer att uppfattas i framtiden. Man kanske förpassas till historien dammiga arkiv, bortglömd för alltid. Eller så är man den framtida Hilma af Klint, en andlig budbärare genom konsten. Efter hennes död erbjöds Moderna Museet hela hennes samling. De tackade nej. Nu står museerna runt om i världen på kö för att köpa och visa hennes verk.

Min egen väg har varit minst sagt krokig. Det hade varit lätt att ge upp. Att intala sig själv att det är nog inte meningen att jag ska jobba med konst. Men så är det den där inre drivkraften, som alltid kommer igen, borstar av sig och går på dem igen. Tur är det.

Jag har blivit refuserad till den lokala konstrundan, två gånger. Båda gångerna hade jag uppmanats att söka in av yrkesverksamma konstnärer. I bygden drivs rundan på privat basis med en blandning av amatörer och proffs, och kallas i folkmun "klubben för inbördes beundran". I år sökte jag en tredje gång, tänkte att nu är jag så meriterad att de kan inte tacka nej. Men döm om allas förvåning när de än en gång sa vi vill inte ha dig med. I många regioner är konstvandringen organiserad och finansierad med skattepengar och enbart yrkesverksamma konstnärer får vara med.

En av de vanligaste kommentarerna jag får om min konst är att den hör hemma i vården. Så jag frågade om jag fick ställa ut i sjukhusets korridorer. Svaret blev nej, men OM det skulle ske, så skulle det vara tillsammans med andra. Kom inte på tal att jag fick göra det solo. Jag har ännu inte lyckats komma med på länssalongen eller ställa ut i de lokala offentliga konstlokalerna. Svaren blir alltid nej, tyvärr är det många som söker... däremot kom jag med på båda salongerna i Västerbotten när Umeå firade kulturhuvudstadsåret. Där var det hård gallring i en oerhört kreativ region.

Mellan varven blir jag inbjuden av proffs att vara med på deras samlingsutställningar och känner mig uppmuntrad av pressen när de skriver om mina alster och separatutställningar. Jag får utsmyckningsuppdrag och blir inköpt av kommuner.

Så kom en möjlighet att vara med i ett projekt i Indien med TellusArt, en organisation som vill kunna ge etablerade och lovande konstnärer över hela världen en plattform att visa sin konst på. Detta sker genom utställningar, workshops och olika projekt. Genom konsten vill de belysa ämnen som berör och problem som kräver mänsklighetens uppmärksamhet och engagemang för att kunna lösas. Jag skickade efter ansökningshandlingarna. Och la dem åt sidan. Här efterfrågades konstutbildning, erfarenhet med barn, miljöengagemang, tankar om konst och skapande. Efter alla nej kände jag, det här går inte, det är ingen mening att ens söka. Jag kände mig som I-or, från Nalle Puh sagorna. Men, så en dag flög något i mig, jag fyllde i ansökan och skickade in bilder och glömde bort det.

Så kommer mailet "tack för din ansökan..." Jaha då var det klart, tänkte jag och höll på att klicka bort det. Men vad stod det? Jo, du är en av 15 konstnärer från Sverige utvald för projektet. Jag fick en smärre chock. Det här var stort. Vi började med utställning och workshops med konstnärer från Asien på Prince of Wales Museum i Mumbai, en av världens konstmetropoler. Vid invigningen kom Sveriges ambassadör och höll tal. Konstnärerna som var med på resan var väletablerade och väl kända i sina egna länder. Vi fortsatte till Delhi, Chandigarh och Dharampur med fler workshops, utställningar och möten med barn och konstnärer. Vid alla offentliga evenemang hölls tal av kända dignitärer. Det var en oförglömlig resa. Jag fick så otroligt fina kommentarer om min konst, det stärkte mitt konstförtroende enormt.

Jag gav inte upp.

Jag har lyckats passera nålsögat jurerat inval till KRO, Konstnärernas Riksorganisation.

Senaste inbjudan att ställa ut är från en känd gallerist på Madison Avenue i New York.

Men än har jag inte gjort succé på hemmaplan. Man blir nog aldrig profet i sin egen stad.

Ge aldrig upp!

Hur tänker de?

När man skriver en bok, är det som en överkurs i ämnet. Man tuggar och idisslar en hel del mer än man annars skulle ha gjort. Efter jag skrivit kapitlet om utställningar och inköp i kommuner började jag fundera.

Eftersom jag numera skickar mina mail via MailChimp så ser jag ju också hur många av mailen som faktiskt öppnats och lästs. Senaste utskicket *Boka utställning i kommunens konsthall/inköp* gick till 273 adresser och öppnades av 48,5% av mottagarna. Över hälften har alltså inte brytt sig om att ens läsa min utställningsansökan. Har inte offentligt anställda en skyldighet att i alla fall titta på förslaget innan man hivar iväg det i papperskorgen? Känns väldigt märkligt. Så jag undrar, hur tänker de?

Jag har i alla fall försökt vara så tydlig som möjlig. Rubriken kan knappast missförstås. Jag skriver vem mailet är ämnat för. Det är inte lätt att hitta epostadresser till individer och personal flyttas ständigt om. Redan i de första meningarna talar jag om vem jag är och vad jag vill. Tydliga länkar till CV och bildgalleri, och så bilden som är klickbar till hela min konstproduktion. Så hur tänker de?

Jag är en person som testar mig fram. Jag har utforskat mailvägen och även testat att ringa. Har jag bättre chanser då? De kan vara svåra att nå per telefon, ibland finns det ingen röstbrevlåda, de sitter i sammanträde eller så har de har gått för dagen. Om jag lämnar ett meddelande, hur troligt är det att de ringer upp? Så man fortsätter att ringa och ringa tills man når fram. Jag fattar att jag inte är den enda konstnären som knackar på. De måste vara innerligt trötta på karusellen, de med. Men svaret brukar bli, skicka in material så får vi se. Via snigelpost vill en del fortfarande ha det. Då frågar jag om det går bra via epost, hela min portfolio finns ju på hemsidan. De säger att vi har lång framförhållning. Det har jag med, svarar jag. Vi är redan bokade för i år, är en annan favorit. Ja, men nu var min fråga nästa år och framöver. Jag får en känsla att om man råkar ringa eller maila just när de är på gott humör, så får man ett ja. När man väl skickat material så är frågan, hur mycket ska man ringa och störa dem igen, hur länge ska man vänta? Det vore enklare med klara besked. Ibland känns det som man skriker rätt ut i cyberrymden, för att låna en väns uttryck.

Men jag förstår att jag inte är ensam. Kulturlyftet, som är KRO/KIF:s utbildningsverksamhet för kompetensutveckling av professionella bild- och formkonstnärer och deras uppdragsgivare, erbjöd en kurs om utställningar och försäljning som hette "Vi har redan en utställning bokad". Den vill jag gå. I kursbeskrivningen framgår tydligt att det handlar väldigt mycket om att pitcha rätt idé till rätt person vid rätt tidpunkt. Kulturlyftet drevs med stöd av EU mellan 2012-2014 och förhoppningsvis blir det en fortsättning.

Kommunens utställningslokal kan ha många namn. Det kan vara ett galleri, eller vara i samma byggnad som biblioteket, eller kommunkontoret. Det kan vara ett konstmuseum, en konsthall eller del av verksamheten i kommunmuseet. Vissa kommuner har ingen utställningslokal, andra har flera stycken.

En hel del kommuner har en utställningskommitté som träffas till exempel två gånger per år för att besluta om vilka konstnärer de vill ha med. De försöker få en helhet i sin verksamhet. En del tar intresserade utställare i tur och ordning, man ställs helt enkelt på en väntlista. På vissa håll är det en person som fattar besluten löpande. Råkar man kontakta dem när de fått fem andra goda uppslag blir det lätt nej. Kommer man tre månader senare när det varit torka på förslag kan de säga ja direkt. På en del håll ser man att utställarna kommer från den ansvariges eget nätverk. Man plockar in de man känner. En del kommuner låter konstföreningen sköta utställningarna. Plus och minus med detta tar jag upp i kommande kapitel om konstföreningar. Det är inte helt solklart att det är en bra idé.

En av de största utmaningarna med att skriva den här boken är balans. Att både lyfta fram allt det som är bra och som fungerar, där konstnärer och arrangörer möts för att tillsammans skapa kreativa upplevelser för invånarna. Men just nu funderar jag mest på hur de tänker, de där som ger intrycket av "stör mig inte" när jag knackar på och frågar om att ställa ut i deras konsthall. Jag undrar i mitt stilla sinne, om det nu är så jobbigt att ha så många knacka på, varför har inte arrangörerna kommit på ett bättre sätt att få in ansökningar? Har de aldrig tänkt på att samarbeta, att utveckla en modell som de alla kan ta del av? Ett enklare sätt är förstås möjligt idag, med teknikens hjälp. För det kan ju inte vara lätt att bli överhopad av förfrågningar. Men visst förväntar vi oss att offentliga arrangörer har en policy, en plan, en tanke, en profil med sin utställningshall. De förvaltar ju våra skatteslantar.

Seriösa arrangörer möter yrkesverksamma konstnärer

Idéer, det har jag gott om. Jag förundras över hur tungrott och krångligt det är att få till de där mötena, så att rätt personer och rätt idéer kan skapa magi, där ett plus ett blir tio. I konstvärlden kastar vi bort så mycket tid på att krångla till det i onödan. Vad man än ska göra, ska det presenteras, och presenteras, och presenteras... Men aldrig på samma sätt. Här uppfinns hjulet på nytt, om och om igen.

Jag drömmer om ett ställe på nätet, där alla professionella konstnärer kan möta arrangörerna. Ett ställe att lägga in sin portfolio, presentera utställningsidéer, att man säljer lös konst eller är tillgänglig för uppdrag. En sökbar databas som också är ett nätverk mellan alla i konstsfären. Där alla upphandlare av konst är med, alla utställare. Jag ser en kombination av Hemnet med sökbara kartor, TripAdvisor med sökbar information och omdömen samt ett Socialt Nätverk, med möjlighet att hitta likasinnade för projekt och samverkan, korsbefruktning mellan konstnärer och konsulter...

Tänk dig en sökbar databas med följande ingredienser:

- yrkesverksamma konstnärer
- offentliga utställningslokaler
- seriösa gallerier
- konstföreningar
- offentliga upphandlingar
- inköpare av lös konst
- stipendier
- organisationer
- nätverk
- forum
- artist in residence

- projekt
- och så vidare

Med rätt design och en väl genomtänkt arkitektur skulle det här kunna revolutionera hur vi skapar ett bättre konst-Sverige, verkligen ge skäl för namnet KONSTRIKET.

Så här har jag tänkt. Man kan utse en organisation som sköter databasen, men det är viktigt att alla är med och bygger strukturen. Det finns mycket att tänka igenom. Som alltid när man datoriserar gäller det att inte bara lassa in det gamla systemet. Då har man förlorat redan innan man börjat. Nej, här gäller det att tänka i nya banor. Om vi nu kan bygga en helt ny struktur, hur skulle den kunna fungera? Vad är viktigt? Hur knyter vi kontakterna? Hur skapar vi nätverk? När jag försiktigt testat idén, så har genast nya möjligheter dykt upp. Det tänder kreativiteten

Ända sen jag kom på att jag skulle skriva boken har jag formulerat hur vi skulle kunna bygga det här.

Yrkesverksamma konstnärer presenterar sig kort 100 - 200 ord med några bilder och hänvisning till hemsida. Yrkesverksam definition: F-skatt och uppfyller kraven på inträde till KRO/KIF. Medlemmar i konstnärsorganisationerna får vara med gratis, icke medlemmar får betala för att vara med. Anledningen att jag säger databas är att då kan man kryssa i vilken sorts konst man sysslar med, om man är intresserad av att ställa ut, letar samutställare, söker offentliga uppdrag, om man vill arbeta lokalt, regionalt eller utomlands. Man kan sortera på om man säljer lös konst som till exempel passar i vården, eller andra speciella utrymmen. Man ska kunna kryssa i vilka organisationer man tillhör. Den finns oändliga möjligheter här och jag är bara en konstnär med ett spirande frö till struktur.

För att det ska fungera krävs att alla som är med loggar in och uppdaterar sina uppgifter minst en gång per år. Stämmer de fortfarande?

För utställare kan de presentera sin profil, hur de tänker, vad de söker. En arrangör kläckte idén att då kan man ha ett tema varje år, oh vad roligt. Till exempel i år visar vi textilkonst, sen fokus på abstrakt, eller möten mellan x och y. De kan söka på spännande utställare, den och den skulle jag vilja para ihop. Om då konstnären prickat för att de är öppna för nya samutställare blir det ju enkelt att para ihop nya konstellationer. En gallerist hade idén att måla väggarna i engelskt rött i stället för den sedvanliga ljusa färgen. Och då kunna efterfråga utställare med passande konst och idéer. Utställarna ska naturligtvis kryssa i vilka utställningsvillkor de erbjuder. Min gräns är att utställare som tar betalt av konstnären får inte vara med.

Punkt. Det är inte seriöst att ta ut hyra eller lassa över arrangörens kostnader på konstnären.

Kopplingen till Trip Advisor är ratingsystemet. Tänk om vi kunde skriva kommentarer, ge referenser vid varje konstnär eller utställare, det gäller ju alla som är med i databasen, med stjärnor och text. Till exempel om jag ställt ut och vill rekommendera arrangören till mina kollegor. Eller om någon arrangör vill kommentera hur det var att jobba med mig. Om man varit med på Artist in Residence kan man skriva om det. Av erfarenhet kan man inte bara släppa detta helt fritt, det behövs netikettregler och en moderator som tar tag i oegentligheter. Tyvärr. På det stora hela är vi ju vuxna, men ibland ramlar det ut saker innan man tänkt hela vägen fram

En ytterligare databas som har bra egenskaper att efterapa är Hemnet. Där kan man söka på karta. Tänk dig en karta som har valbara sökalternativ, till exempel skulle man kunna visa alla fotografer, alla som är medlemmar i Konstnärscentrum, alla utställningsarrangörer, ja möjligheterna är oändliga. Om databasen byggs av ett proffs och strukturen är väl genomtänkt innan man sätter igång så skulle det bli ett fantastiskt verktyg.

Vi som är med i Konstnärscentrum, KRO/KIF och andra organisationer får ju mycket information löpande om upphandlingar, kurser och dylikt. På en konstportal skulle man kunna samordna och ha separata flöden för olika typer av uppdrag. Jag vet att resurserna är knappa på kontoren, men jag skulle så gärna se en kommentar om hur skäliga uppdragen är. Ibland skickas det ut sådant som vi egentligen borde tacka nej till. En tydligare profil om var gränsen bör gå för ett proffs skulle nog gynna oss alla. Det kommer alltid finnas de som väljer att tacka ja ändå. Vi gör alla undantag, ibland finns det goda skäl att inte vara så principfast i nuet för att skapa möjligheter för framtiden.

Vi skulle kunna skapa nätverk. En utställare nämnde att man borde ta vara på att du är i bygden, och boka in dig i regionen medan du ändå är här. Vi skulle kunna ha en bättre samverkan mellan arrangörer. Bättre kommunikation. Och vi skulle kunna knyta nya konstellationer, intressen och eldsjälar. Jag gillar att knyta samman folk och idéer, och via nätet går det ju rätt lätt.

Och så tillbaka till det här med att boka utställningar, där det är så svårt att få grepp om hur de fattar sina beslut. En databas skulle kunna plocka fram nästa års utställare åt dem. Antingen kan det lottas ut slumpvis, efter vissa kriterier, eller helt enkelt nästa proffskonstnär på tur. Det här kan också tillämpas vid offentliga upphandlingar, beställaren knappar in vi söker till exempel skulptur, glas, textil, abstrakt, passar i x miljö och databasen tar fram nästa på tur. Om vi har gjort vårt jobb och uppdaterat i år är jag tillgänglig för x, y och z så plockar datorn fram nästa kandidat. Enkelt att bekräfta om jag kan eller inte. Som det är nu kan man söka en massa uppdrag och få allt eller inget. Att låta datorn plocka fram kandidater skulle gynna speciellt de yngre, som ofta blir bortkollrade när kraven ställs att ha flera stora projekt i bagaget. Är man yrkesverksam konstnär så ska det räcka. Man har redan bevisat att man kan.

Inköp av lös konst är en stor portion av den konstnärliga kakan. Det kan vara konsthandläggare, konstkonsulenter, konsulter, konstansvarig, statligt anställda eller en arbetsplatskonstförening som inte har egna utställningar, men en väsentlig budget att handla för. Som jag förstår det är inköpen en rätt slumpmässig process. Man går ut på stan och handlar. Hur ska jag som konstnär gissa vilken dag detta kommer att ske och lyckas pricka in en utställning på rätt plats? Med vår nya databas kryssar jag som konstnär i att jag säljer lös konst. Då kan inköparna göra en sökning och beställa direkt av oss. Enklare än så kan det knappast bli.

Under bokens tillkomst har jag naturligtvis pratat med massor av människor. Jag har tappat räkningen på hur många gånger jag fått frågan "hur hittar man de professionella konstnärerna?". Visst känns det dumt och frustrerande att behöva svara att det finns inget register. Hur ska vi då kunna förvänta oss att arrangörerna anlitar just proffsen? Det finns heller inget register på alla konstföreningar, gallerier, konsthallar och museum och vad de söker efter till sina utställningar och inköp..

Att definiera informationen som ska samlas in är ett första steg. Tanken är att databasen har tillräckligt med sammanfattande information så det blir överskådligt och sökbart, men att detaljerna ligger på respektive hemsidor.

Den stora frågan är vem som ska driva projektet och hur det kan finansieras. Om det här ska bli en bra och användbar resurs behöver man få med alla på tåget. Jag sår fröet så får vi hoppas att det spirar vidare med engagemang från de olika aktörerna i KONSTRIKET.

Konstföreningar

Konstföreningar är tydligen ett nordeuropeiskt fenomen, som har sin början i England på 1700-talet, men det skulle dröja ett sekel innan Tyskland satte igång den stora folkrörelsen. Sverige fick sin första allmänna konstförening 1832 och arbetsplatskonstföreningar började dyka upp runt andra världskriget. Syftet med föreningarna är i främsta hand konstbildning, som kan arrangeras via studieresor, föredrag och så klart utställningar. Tanken är att tillsammans kan man köpa in konst och förkovra sig på en och samma gång. På hemsidan för Riksförbundet för Sveriges konstföreningar www.sverigeskonstforeningar.nu kan man läsa mer detaljerat om hur konstföreningarna är organiserade samt senaste nytt.

"Anlita enbart professionella konstnärer!" står det på hemsidan. Det gillar jag.

Allmänna konstföreningar driver för det mesta utställningsverksamhet. Föreningen är vanligtvis förknippad med en ort eller bygd och medlemskap är öppen för alla som vill vara med. Beroende på hur stor föreningen är kan den konstbildande verksamheten omfatta studieresor, besök på konstvandringar och i konstnärers ateljéer, resor till betydande utställningar, studiecirklar, föredrag och kurser. Inköp till medlemslotterier görs både från utställningar och resor. Är konstföreningen tillräckligt stor anordnar de egna utställningar, en del föreningar har till och med egen lokal.

Arbetsplatskonstföreningar är knutna till ett företag och dess anställda. Här är det vanligare att föreningen köper in konst som sedan lottas ut till medlemmarna. Oftast har de en inköpskommitté som antingen besöker lokala gallerier och utställningar och väljer ut lämpliga verk, eller så kommer en gallerist med konsten till företaget. När galleristen lägger upp verken så kan det gå fort. Kommittén har en given kassa att handla för "vi tar den, den och den" så var det klart. När kommittén ska ut på stan och välja kan de få instruktioner att välja konst som inte är för stort, inte för litet, det ska kunna passa i alla hem, oavsett vem som vinner.

Naturligtvis har jag försökt få kontakt med konstföreningar. De handlar konst för mellan 200 000 000-300 000 000 kronor om året, enligt Konstföreningsguiden från 2010, som bara är en del av all matnyttig information att hämta från hemsidan. Det var inte så enkelt att hitta kontaktuppgifter till föreningarna. Alla har inte hemsidor och arbetsplatsföreningarna syns inte alls på nätet, där måste man i stort sett ringa företagen för att få reda på om de har en konstförening. För att komma så långt måste man ta reda på vilka företag som finns. Ett jättejobb för en enskild konstnär. Man skulle kunna tro att en lättare väg är att hitta galleristerna som säljer till konstföreningar, de är som handelsresande i konst. Men de aviserar ju inte heller sin inriktning. Av en slump hittade jag en sådan gallerist... men när jag väl presenterat mig var svaret "vi hör av oss". De hade ju redan en portfolio med konstnärer som de valt att jobba med. Svårt att komma in hur man än vrider och vänder på det. Tänk om vi hade den där konstdatabasen. Då skulle det kunna vara så mycket enklare att hitta varandra. Kontaktuppgifter till de allmänna konstföreningarna är inte heller så enkla att få fatt i. Eftersom de drivs av ideella krafter så blir det omstuvning av representanter och hemsidan, i den mån den existerar, är inte alltid uppdaterad.

Konstföreningar som arrangerar utställningar kan söka utställningsersättning, ett statligt bidrag via Kulturrådet som kan sökas för konstnärer som medverkar i utställningar arrangerade av föreningar anslutna till Sveriges Konstföreningar. Enbart konstnärer som uppfyller kraven, som generellt följer KRO:s riktlinjer, är berättigade till ersättningen. Tyvärr är det inte garanterat att man får ersättning även om man uppfyller de av staten uppställda villkoren, eftersom bidragssumman som Sveriges Konstföreningar fått beviljad av Kulturrådet eventuellt inte räcker till alla sökande.

Kulturrådets definitioner av utställningsersättningens innehåll:

"Utställningsersättning är endast bidrag för ersättning för hyra av konstverk i upphovsmannens ägo som denne tillhandahåller arrangören. Utställningsersättningen utgör således inte inkomst av arbete. Ersättningen kan inte användas till täckande av omkostnader för utställaren i samband med utställningen. Med omkostnader avses till exempel försäkringar, transporter och kostnader i samband med installation av konstverk.

Utställningsersättningen – Kulturrådets bidrag – är att betrakta som en skattepliktig inkomst (av näring) och ska redovisas i mottagarens bokföring/deklaration från Skatteverket. Detta gäller oavsett A-skatt/F-skatt.

Tillägget om 25 % moms utbetalas till de konstnärer som är momsregistrerade."

Ansökan om utställningsersättningen innehåller dessutom kontrakt mellan den utställande föreningen och konstnären. Föreningen uppmanas ordna transporter och försäkring. Via Sveriges konstföreningar har de mycket förmånliga försäkringar.

Föreningarna uppmanas ha en genomtänkt policy vid inköp av konst. Hur mycket de handlar för verkar inte vara lätt att ta reda på. Konstföreningsguiden säger 200 000 000-300 000 000 per år, däremot läser jag på nätet att konstföreningar anslutna till Sveriges Konstföreningar köper och förmedlar årligen konst för cirka 70 000 000 kronor (gäller år 2011). Hur som helst handlar de rätt mycket konst. Men köper de dyra verk? Från min vinkel verkar de mest hålla sig under 10 000 kronor strecket. Förmodligen för att kunna köpa in fler verk till lotteriet. Då blir konstverken inte så stora heller. Men så ska de ju passa in i ett vanligt hem.

Det är inte självklart att inköpen görs från utställningar eller gallerier, de kan lika gärna handla direkt av konstnärer eller via nätet. Många konstnärer säljer en betydande del av sina verk via e-handel och med Skype och andra videolänkar är det ju enkelt att visa upp ateljén till en köpare på andra sidan jordklotet.

Det måste vara roligt att få syssla med sin hobby

Under mina resor ramlar jag in på diverse arrangemang. Bygdens konstförening hade bjudit in en konstnär att ställa ut, väl känd i sin nisch, med eget aktiebolag och inkomster i miljonklassen. Som inledning på vernissagen ställde konstföreningens representant frågan:

- Det måste vara roligt att få syssla med sin hobby?

Som om det inte vore illa nog, blev följdfrågan:

- Har du aldrig haft ett riktigt jobb?

Visst, det är ideella krafter som driver konstföreningar, så de ser ju inte på det här med samma ögon som en konsthallschef till exempel. Men attityden att konstnär, det är inget riktigt yrke, är problematiskt. För om konstföreningar anser att vi sysslar med hobbyverksamhet, så blir ju relationen mellan konstnär och förening baserad på två vitt skilda värdegrunder. Det kanske förklarar mina egna erfarenheter...

Jag var så lycklig. Äntligen hade jag fått napp av en konstförening. De ville ha mig som soloutställare. Det är alltid lång framförhållning i konstvärlden så utställningen bokades in 18 månader senare. De skickade skiss på lokalen och lovade skicka kontrakt. Jag väntade, och väntade, inget kontrakt kom. Jag stötte på, jo det skulle komma... det dröjde, nu hade halva tiden gått. Men så kom det. Jag blev minst sagt förvånad över villkoren.

Jag skulle stå för följande kostnader:

- transport av konstverk till och från utställningen
- försäkring av konstverk under transport
- Vernissagekort till både PR-register och medlemsregister, 300 st
- porto till samtliga medlemmar
- provision 20%

- resor, boende och medverkan vid hängning, pressvisning och vernissage
- resor, boende och medverkan vid nedmontering av utställning

Eftersom konsthallen låg en dagsresa bort skulle deras upplägg ha inneburit minst fyra övernattningar.

Naturligtvis kontaktade jag KRO. Hur ska jag förhålla mig till detta?

"Konstföreningarna omfattas inte ännu av MU-avtalen utan de kan formulera sig på det sätt de önskar/har möjlighet till. I en konsthall som omfattas av stöd från Kulturrådet skulle ett dylikt avtal vara helt oacceptabelt. Då betalas normalt samtliga kostnader inklusive försäkringar och transporter. Att du dessutom skulle stå för porto till deras medlemmar förefaller mig något magstarkt. Bara det är ju 1 500 kr.

Kan konstatera att allt naturligtvis är förhandlingsbart och det ska du göra. Min ingång till en sådan förhandling är att de ska stå för samtliga kostnader inklusive boende när du är på plats. Om MU-avtalen kunde användas skulle du också förhandla om så kallad medverkandeersättning för den tid du lägger ner på projektet.

I slutändan är det dock upp till dig om du vill ställa upp på de villkor ni kommer överens om. Min uppfattning är att avtalen/villkoren som erbjuds av Konstföreningarna är olika och inte enhetliga. Om något år eller två kommer MU-avtalen och konstföreningarnas avtalsupplägg att harmonieras så att vi slipper den här typen av avtal och att man kan använda sig av standardavtal.

Den utställningsersättning som de hänvisar till att de ansökt om kan ju du få i tillägg till det ni överenskommit i avtalet om detta explicit överenskoms om, men det är inte säkert att det finns pengar kvar i den potten i höst.

Tyvärr är det en oreglerad utställningsmarknad du i detta fall befinner dig på varför vi inte kan hänvisa till något regelverk."

Ja, det bekräftade i alla fall min magkänsla, kontraktet var inte rimligt. Men som den före detta inköpschef jag är, så vet jag att det alltid finns förhandlingsutrymme. Men döm om min förvåning, de inte var beredda att rucka en millimeter. De kunde inte tänka sig att skicka vernissagekorten elektroniskt. De kunde inte tänka sig att senarelägga hängningen för att korta ner mina övernattningar. Det fanns noll förhandlingsutrymme. Jag var den första konstnären som överhuvudtaget ifrågasatt deras kontrakt. Tilläggas skall att de inte hade garantiköp, med andra ord kunde jag ha ställt ut utan att de köpt in ett enda av mina verk. Självklart tackade jag nej, samt meddelade KRO om "förhandlingens" resultat.

"Bra att du gör så, det är viktigt att konstnärer markerar att de vill ha rimliga villkor och inte subventionera utställningsverksamhet runt om i landet. Vi jobbar för att så skall ske och då är det viktigt att också arrangörer får samma signal från er konstnärer. Tack för det!" Arne Leeb, verksamhetschef KRO/KIF

När jag berättat om detta för mina vänner får jag oftast svaret att så här är det säkert inte, de måste ha varit ett undantag. Så jag fortsatte att skicka ut förfrågningar till konstföreningar. Och fick napp igen. Men vis av erfarenhet frågade jag inledningsvis hur deras villkor såg ut. På telefon är det lätt att man tänker, ok då, jag kan sträcka mig lite grann, för man blir så glad att äntligen få napp. Så kommer det skriftliga kontraktet. Det saknar garantiköpet, som vi pratat om. Det lägger till att jag ska donera verk till lotteriet. Till råga på allt ska jag dessutom stå för bubbel och tugg vid vernissagen.

Villkoren denna gång:

Konstnären Hänger konsten själv, annonserar och skickar ut eventuella vernissagekort, gör affischer och skickar till föreningen tillsammans med eventuella vernissagekort, som kan delas ut. Bifogar CV. Närvarar vernissagedagen samt ordnar eventuell förtäring till besökarna. Deltar i konstcafé (en kväll mitt i utställningsperioden). Plockar ner konsten sista utställningsdagen. Minimikostnad 1 000 kr/utställare + lotterivinst. Provision 20%.

När jag lägger ihop all tid och kostnader så drar jag en sorgens suck. Dags att se vad som är förhandlingsbart denna gång. Eftersom de söker utställningsersättning så ansåg de att det skulle hjälpa till att täcka mina kostnader. Men det är inte tillåtet. Jag mailade Kulturrådets definitioner av utställningsersättningens innehåll:

"Utställningsersättning är endast bidrag för ersättning för hyra av konstverk i upphovsmannens ägo som denne tillhandahåller arrangören. Utställningsersättningen utgör således inte inkomst av arbete. Ersättningen kan inte användas till täckande av omkostnader för utställaren i samband med utställningen. Med omkostnader avses till exempel försäkringar, transporter och kostnader i samband med installation av konstverk."

Så här svarar konstföreningen: "Dessutom undrar jag om vi pratar att om två olika utställningsersättningar? Den vi sänder ut till våra utställare kommer från Sveriges konstföreningar där vi är medlem. Jag har aldrig hört talas om de restriktioner du nämner. Konstnären söker pengar, jag skriver på och bekräftar att vi har för avsikt att ordna utställning med vederbörande konstnär. Efter att utställningen är slut lämnar jag en bekräftelse på att den har visats på galleriet, vad som sålts och under vilken period. Pengarna betalas ut till konstnären att bruka till de utgifter man haft. Kulturrådets definitioner har aldrig varit aktuella."

Förlåt om jag blir knottrig. Definitionen ligger på Sveriges Konstföreningars hemsida. Men den har de tydligen inte läst. Jag kan förstå att det inte är helt lätt för ideella krafter att sätta sig in i allt. Men det här är statliga pengar, våra skattepengar, som ska hanteras enligt regelverk.

Givetvis var jag den första konstnären som ifrågasatt kontraktet. Var de förhandlingsbara? Nej, inte en millimeter. Så jag tackade nej, ännu en gång. Vad som bekymrar mig är att det inte finns en öppenhet om villkoren. Vid mitt senaste utskick till kommuner kom en hel del svar att det är den lokala konstföreningen som sköter kommunens utställningar. Som jag anmodades ansöka till om utställningsmöjligheter. Men först ville jag ha svar på frågan: vad har ni för utställningsvillkor? Inte en enda konstförening har svarat.

Tänk om vi hade den där konstdatabasen. Då skulle allt det här upp i dager. Som det nu är slösar vi bort en massa tid på båda sidor. Men innan dess behöver vi en rejäl dialog om attityden gentemot yrkesverksamma konstnärer. Så vi slipper höra:

- Det måste vara roligt att få syssla med sin hobby?

Det är så naturligt i den världen att ta betalt

Nyligen bestämde sig en kommun för att börja ta betalt av konstnärerna när de ställer ut. Resonemanget gick så här. Eftersom konstföreningen ställer ut i kommunens lokaler och de tar provision, så ska inte kommunen konkurrera med konstföreningen. Därför väljer nu kommunen att ta ut samma provision som konstföreningen. På så vis "bedriver de ingen otillbörlig konkurrens" och har "samma marknadsmässiga förutsättningar".

Sen när driver kommuner kommersiella konsthallar? Varför tar konstföreningar provision? Varken konstföreningar eller kommuner har ett kommersiellt uppdrag. När det gäller konstföreningar läser jag på deras hemsida att de har ett konstbildande syfte, de ska anlita professionella konstnärer och de ska stå för kostnaderna. De har absolut inget uppdrag att driva kommersiella eller marknadsmässiga utställningar. Har de missförstått sitt uppdrag? Eftersom de får en hel del statliga och andra bidrag från våra skattekistor är det här mycket problematiskt. Kommuner har som uppdrag att visa upp konst. Hur kommunerna formulerar uppdraget varierar. De är finansierade av våra offentliga medel. De har inte som uppdrag att driva kommersiella gallerier.

En av våra mest erfarna konstnärer kommenterar:

"Alla kommuner får ett statligt bidrag genom regionen. Då var detta fastställt. Sedan provisionen, under alla år som jag suttit med i KRO:s styrelse så har vi sagt att kommunala konsthallar inte skall ta provision av olika anledningar. En är att man börjar med en lägre provision sedan ökar man upp den till gallerinivå. Alltså om detta blir en vana skall man kunna se om något eller några år att provisionen skall vara uppe i 50%. Reagera efteråt är inte klokt. Sedan tycker jag att kommunerna skall kunna vara ventilen i konstnärens enda möjlighet till att kunna få in en liten inkomst genom att inte ta provision. Provisionen blir också utslagen på kommunala inköp där konstnären i så fall får hälften av summan vid 50%. Därav kommer det en ökning av priserna på konsten som gör att gemene man inte kan köpa konst. Den onda cirkeln har börjat. Jag tror att den trend vi alltid haft "säkert klubbad också" skall vara att de inte tar %. Men nya kvastar sopar bäst tills motsatsen är bevisad. Bra att ha detta dokumenterat." Bengt Saltö

Eftersom "det är så naturligt i den världen att ta betalt" tror inte kommunen det kommer att påverka utställningsintresset bland konstnärer. Mig veterligen är det bara hobby- och fritidskonstnärer som tycker det är ok att betala för nöjet att ställa ut. Professionella konstnärer gör det inte. Varför resonerade de inte tvärtom? Konstföreningen slutar ta betalt av konstnären. Det vore i linje med den policy Kulturdepartementet stakat ut med MU-avtalet. För visst går det stick i stäv med konstföreningarnas uppdrag att de tar provision över huvud taget.

Ett djupare problem om kommuner, stat och landsting tar provision är effekten på konstnärens IV-inkomst, Individuell Visningsersättning, där poängen grundar sig på inköpspriset. Konstnärens redan låga inkomster urholkas ytterligare. Eftersom IV är en livslång inkomst slår en provision i offentlig sektor väldigt hårt mot yrkeskonstnärens möjlighet att försörja sig.

Andra kommuner har startat betalgallerier där konstnärerna får vakta själva. Där frodas fritids- och hobbykonsten med god uppmärksamhet i lokalpressen. Men eftersom det är kommunens lokal så ger det intrycket att utställningen är i kommunens regi. Är det inte otillbörlig konkurrens gentemot seriösa gallerier och professionella konstnärer?

Det finns konstföreningar som är på samma väg. De tänker starta hyrgallerier för konstföreningens medlemmar, där konstnärerna får betala storstadshyra och vakta själva. Vad håller de på med? Har de glömt sitt konstbildande uppdrag? De ska jobba med professionella konstnärer. Det verkar de också ha missat.

Det haglar in erbjudanden att betala för nöjet att ställa ut. En som sticker ut i mängden är vad jag kallar konst i kiosk. Ett par entreprenörer fick den lysande idén att be kommunerna vara med att arrangera konst i kiosk. Entreprenörerna tillhandahåller kiosken, ser till att fylla den med konst och konstnärer och kommunen upplåter mark och el. Vem ser till att det skrivs kvitton och finns kassaapparater? Vart är vi på väg? Konstnärerna erbjuds att betala för nöjet att dela kiosken med tre andra utställare och vakta själva. Det finns inget urval eller genomtänkt tråd för den utställande verksamheten. Alla som vill och är villiga att betala får vara med.

Konst i kiosk lär ju fyllas av fritidskonstnärer i en salig blandning och jag tycker det är problematiskt att kommunerna listas på arrangörens hemsida. Det ger intryck av att de är med på ett hörn. Vill vi ha en marknad med konst i kiosk? Bör kommuner vara delaktiga i denna sfär? Torgkonst, är det vad vi vill ha? En blomma med ram tack, i stället för en grillad med mos?

Hur påverkar ovanstående trender de seriösa galleriernas möjlighet att erbjuda kvalitetskonst på kommersiell basis? Vad händer med de professionella konstnärerna i en värld full av torgkonst? För visst blir det snedvriden konkurrens när offentligt finansierade verksamheter bedriver pseudogallerier för amatörer och hobbyister. Vad ger det för intryck av konst-Sverige inför alla besökare och turister? Inte kommer vi leda ligan att ha med i internationella sammanhang. Nej, Sverige, där fanns det ingen seriös konst att räkna med. Det gäller att tänka längre än bara för stunden. Vad blir konsekvenserna av att konsten urholkas så att proffsen vägrar vara med.

I alla exempel ovan nämns inte ord som F-skatt, företag, momspliktig, yrkesverksam, hobby, amatör - alla som vill kalla sig konstnär samlas i samma pott. Jag undrar om det är där problemet ligger? Finns det något annat yrke där man så vurmar för amatörer och hobbyister och därmed nedvärderar proffsen? Jag har funderat. Jag kan inte hitta någon liknelse. Skulle man erbjuda andra yrkens lekmän att ha verksamhet på torget? Till exempel, en legitimerad psykolog med företag är inte samma sak som en som gått lite helgkurser i personlig utveckling och dessutom kanske jobbar svart. Ser man någon skillnad mellan de professionella utövarna och hobbykonstnärerna? Jag tror inte det. Kan det vara grundproblemet? Konstnär är inget yrke, det är bara en kul grej man håller på med och har försörjning med ett “riktigt jobb”.

Konstsalonger och jurybedömda utställningar

För att samla vuxenpoäng i konstvärlden är det bra att söka sig till jurybedömda utställningar. Det anses vara meriterande. Men hur fungerar det i verkligheten? Vilka är arrangörerna? Hur tänker juryn? Vilka kriterier gäller för urvalet? I många fall är konstsalonger också en jurybedömd utställning, men inte alltid.

Regionala salonger är nog de vanligaste. Det kan vara ett län, en stad eller en bygd. Vad de har gemensamt är att salongen förknippas med ett geografiskt område. Som anknytning räknas självklart att man måste vara bosatt i området, men ibland räcker det att man varit förknippad med området en gång i tiden, eller så betalar man en medlemsavgift för att visa anknytning. Har man tur bor man i ett område där bara de som bor där får vara med. Det är väl egentligen missvisande att kalla det geografisk salong när i stort sett vem som helst kan vara med. Syftet är väl ändå att visa upp de lokala förmågorna.

Arrangörer är ofta konstföreningar men även länsmuseer och andra konstinstitutioner anordnar geografiskt förknippade utställningar. Ibland är det bara professionella konstnärer som får söka, men det vanligaste är nog att både amatörer och proffs får vara med. Nu när jag läst på om konstföreningarnas uppdrag att de bara ska anlita professionella konstnärer är jag förvånad att de bjuder in amatörer till sina utställningar. Ibland ordnar de till och med speciella amatörutställningar. Men så vitt jag kan förstå är det inte deras uppgift.

En ansökningsavgift på mellan 100-300 kronor är rätt vanlig. För de riktigt stora och välkända salongerna är det naturligtvis en kassako. Det kanske också förklarar varför man gärna utökar begreppet anknytning. Det ger mer inkomster. Schysst mot konstnärerna är det förstås inte. Vi skulle behöva den där konstdatabasen med forum där vi kan diskutera våra tankar runt olika regler och förhållningssätt. Vi skulle kunna vara så mycket starkare tillsammans. För visst är det så, när man inte vet att kollegan också tyckte att det var lite skumt, så känner man sig väldigt ensam, och kanske tänker ok då, det var ju inte så mycket pengar att knysta om. Kommer jag med så kanske det är värt det.

Men det finns undantag, ljusglimtar i tillvaron med flera steg i rätt riktning: ingen ansökningsavgift, ingen provision och de betalar frakt tur och retur för konstverken som kommer med.

Jag har träffat på salonger där det är först till kvarn som gäller. Ibland är urvalet via inbjudan. Då blir det lätt att man tar in dem man känner, bildläraren i kommunen till exempel. Igen ett fall där en konstdatabas skulle göra stor nytta. I en del regioner och län finns det en mycket bra början på vad jag har en vision om, där de regionala konstkonsulenterna har kommit en bra bit på väg att samla ihop informationen på en plats.

Som tur är har vi kommit in i teknikens tid, nu blir det vanligare och vanligare att man kan söka elektroniskt. Förr var det foto och snigelpost, en rätt stor kostnad om man ska söka många utställningsmöjligheter. Med en konstdatabas skulle det kunna bli ännu enklare, och framförallt säkrare. Att skicka högupplösta bilder till arrangörer som kanske inte förstår hur viktigt det är att värna upphovsrätten och skydda bilderna från otillbörlig kopiering gör i alla fall mig nervös. Har jag bilderna på min hemsida med vattenmärkning och andra skyddsknep, så är risken mindre att mina bilder kommer på villovägar.

Det finns också många jurybedömda utställningar som har teman. Vår, vinter, höst och sommar-salonger är vanliga. Det kan förekomma andra teman, format, teknik, storlekar, färg och form. Det är svårt att välja alster att skicka när man bara vet vilka som är med i juryn, men inte vilket tema de kommer att fastna för. När juryn väl träffas tittar de på ansökningarna och först då fastnar de för en röd tråd, ett tema, en genomgående tanke, och har man valt rätt kommer man med, har man gissat fel gör man det inte.

Man kanske tror att de flesta konstverken som lämnats in blir refuserade på grund av att de anses undermåliga. Inget kan vara mer felaktigt. Naturligtvis finns det inte plats för alla, men den viktigaste anledningen är att verken helt enkelt inte passar in i den utställningsform som arrangören vill visa upp. De väljer inte nödvändigtvis de bästa verken, utan de som håller god klass och passar in i rummet som helhet.

Har juryn fastnat för gråa nyanser har inte mitt röda verk en chans. Så enkelt är det att passeras till tyvärr-högen. Å andra sidan kan man ha tur, att man var en av de få som skickat in gråa nyanser, och får då alla sina verk antagna. Ibland känns det mer som lotteri än jurybedömd.

Men amatörerna då?

Det undrar förstås en del av er. Ska inte amatörerna ha en chans att komma fram? Jo, det är inte det jag menar. Jag började själv i den änden, så jag vet hur det fungerar. Faktum är att som amatör finns det betydligt fler möjligheter att visa upp sig. Det är mycket svårare och kräver mycket mer sälj att som proffs hitta de rätta vägarna.

I Sverige har vi gott om lokaler som kan nyttjas gratis eller för en försumbar penning. Studieförbunden hjälper gärna till. En hel del har utställningslokaler som alla kan nyttja. Ideella föreningar blir bara glada om någon vill smycka deras väggar och samtidigt vakta lokalen. Som amatör är man ofta med i en grupp, det blir ett socialt tillfälle att göra en utställning tillsammans någon enstaka gång. Caféer och pensionat är också lätta att sälja in sig hos som amatör.

De flesta av oss bor i områden där det finns samlingslokaler som man får använda gratis bara för att man bor där. Som amatör gör det ju inget om du måste vakta själv. De du bjuder in till utställningen är din egen lokala bekantskapskrets. Eftersom priserna är låga så är konsten också lätt att sälja. Många amatörer är glada att få ihop tillräckligt för att köpa ny färg och kilramar.

Som amatör har du förmodligen ett jobb. Där har du en enklare kontaktyta än proffsen. Det är mycket vanligt att amatörer ombeds att ställa ut på företaget. Kollegorna köper gärna. Så på många sätt har amatörerna en gräddfil att nå ut med sina verk.

Bibliotek och kommunala utställningslokaler är en annan möjlighet. Framförallt de mindre kommunerna har som uppdrag att visa en blandning av konst av professionella, amatörer och elever. Man kan bli inbjuden att delta i samlingsutställningar av privata arrangörer. Man kan ha utställning hemma. En amatörs kundkrets är ju i främsta hand den lokala bekantskapskretsen och då passar det ju bra att bjuda in på lite mingel med konst. När man är yrkesverksam så är köparna allt som oftast offentliga instanser, i alla fall i Sverige. I till exempel USA så är marknaden till största delen privat finansierad. Där finns det gott om konstköpare som spenderar stora pengar på att köpa in nya och etablerade konstnärer. Där är det helt andra spelregler. Men i Sverige gäller det att nå de offentliga pengarna och se till att när det ska handlas, då ska de veta vem man är och vad man kan göra. Det är inte lätt. Det finns inget riktigt bra sätt att nå ut till dem. Än. Nu ska jag tjata om konstdatabasen igen. Den skulle vara till stor hjälp.

Utan oss har de inget jobb

Mitt i bokens skrivande gör Kulturrådet en uppföljning om MU-avtalet, medverkande och utställningsersättning för professionella konstnärer. Det har gått fyra år sedan Kulturministern och konstnärsorganisationerna förhandlade fram att utställningsarrangörer ska betala konstnärer för den tid de lägger ner samt ersättning för att de visar sina verk offentligt.

Som vi såg i bokens inledning är ju utställningar i första hand en upplevelse för besökarna och inte en kommersiell tillställning. Många konsthallar och museer tar dessutom inträde för att visa konstnärens verk. De tjänar pengar på att vi ställer ut. MU-avtalet är bindande för statliga institutioner och vägledande för andra aktörer. Så hur långt har vi kommit?

MU-enkäten från Kulturrådet skickades till 277 statliga, regionala och kommunala museer och institutioner som ställer ut bild- och formkonst, och även till andra arrangörer inom bild- och formkonstområdet. Totalt svarade 157 arrangörer. Undersökningen visar att 40 procent tillämpar avtalet, vilket är en ökning jämfört med tidigare år.

Hela en fjärdedel av de statliga kulturinstitutionerna som svarat tillämpar fortfarande inte MU, trots att de är bundna till det. Det tycker jag är skandal. Och varför svarade bara 57% på enkäten? Är det ytterligare ett tecken på att konstnärens villkor inte anses viktiga?

"Ett avtal som skrivs mellan två eller flera parter är till för att följas. Antingen så genomför man en utställning, betalar konstnärerna och så vidare, allt enligt regelboken. Har man inte ekonomiska resurser, eller andra problem som gör att man inte kan betala, då ska man inte ha någon utställning", säger Kennet Johansson, generaldirektör på Kulturrådet.

Jag tror arrangörerna har glömt en sak. Utan oss har de inget jobb. Om alla yrkeskonstnärer vägrar ställa ut om inte MU-avtalet gäller, skulle det ha en förödande effekt. Då kan de sitta där med sina feta löner och en tom konsthall. Om vi tillsammans med konstorganisationerna och Kulturrådet gjorde gemensam handling och fick med oss andra fackorganisationer skulle det nog omfördelas pengar illa kvickt.

Här har både politiker och kulturansvarig personal ett ansvar. De kan omfördela sina budgetar och hitta pengar för MU-ersättningen och visa professionell konst. De kan se till att politikerna höjer budgeten. Mycket går åt men lite räcker till. Det finns stora summor som går till kultur. Men hur kommer det sig att pengarna inte hamnar hos utövarna? Det är det stora skiftet MU handlar om.

Eftersom statens kulturpengar numera fördelas regionvis, så kan ju regionen göra väldigt mycket för att MU ska tillämpas på alla institutioner i regionen. De kan fördela potten så små kommuner har samma möjlighet att erbjuda kvalitetsutställningar som de stora metropolerna. Att se till att konstnärerna får betalt borde vara prio ett när den regionala kulturbudgeten läggs.

Än behövs det mycket mer upplysning och utbildning om MU-avtalet, för konstnärer, för arrangörer och för politiker. Kunskapsnivån är skrämmande låg i hela branschen. Det tar tid att vända ett skepp. Det är förstås uppmuntrande att det går åt rätt håll, om än ack så långsamt. Vad kan vi göra för att ge mer kraft till förändringen, så att det får genomslag nu? För ju längre det förhalas och pratas om intentioner i stället för att, från om med nu gäller MU, så riskerar vi att tappa drivkraften och därmed hamna i eviga diskussioner.

Eftersom alla offentliga utställare är skattefinansierade så borde det vara en enkel sak att kräva att de följer MU. Jag förstår helt enkelt inte varför det här är så svårt att förstå. Om konsthallen ska målas om skulle de aldrig drömma om att anlita någon utan F-skatt sedel med professionell kompetens. Där är det självklart att betala skälig ersättning. Konstnären är hela motorn i deras verksamhet. Utan oss har de inget jobb.

Det skulle underlätta för alla parter om juristerna på konstnärsorganisationerna skötte avtalen. För upphovsrättsliga ersättningar är det ju BUS som sköter avtalen och ser till att vi får betalt. Det fungerar väldigt bra. Konstnären slipper hamna i underläge. Där blir det inget krångel. När någon ringer och vill prata om nyttjande av mina verk för en bok hänvisar jag bara till BUS. Visst försöker de förhandla, men jag bara säger, det är BUS tariff som gäller och det är dem du skriver avtal med. Om MU-avtalet sköttes på samma sätt, skulle det göra konstnärens liv så mycket bättre.

En annan förändring som i alla fall jag skulle vilja se är att MU har en basnivå. I stället för att vid varje utställning sitta och förhandla fram (som lätt blir förhandla bort) hur många timmar konstnären ska få ersättning för borde vi kunna ta fram schablonvärden. Det blir enklare för alla parter.

Man vet vad som gäller från båda hållen. Därutöver kan man då förhandla om extra utgifter för speciella verk eller sätt att presentera utställningen på.

Bara en vecka före riksdagsvalet 2014 kom en ny rapport från Myndigheten för Kulturanalys som visar att bara 28 procent (!) av medverkande konstnärer vid svenska museer har fått avtalsenliga ersättningar under 2013. Och jag som trodde att vi gjorde framsteg...

Så här viktig är upphovsrätten

Ibland blir man bara så glad. Det trillade in pengar idag från CopySwede. Mina konstverk var med på en snutt i SVT-nyheterna från Salon des Refusés för några år sedan, och nu när allt är tillgängligt via alla möjliga kanaler så kom det flera tusen till. Yes!!! Det lönar sig att vara med i BUS, och ha koll på vad som visas i media. Förra året kom det ersättning på en 3 000-4 000 kronor för att samma avsnitt visats på SVT och på SVT Play. Det gäller förstås att anmäla och fylla i rätt formulär så BUS kan rapportera in uppgifterna.

I ett tidigare kapitel skrev jag om BUS - Bildkonst Upphovsrätt i Sverige och de olika ersättningarna som de hanterar för oss, så det tänker jag inte repetera här. Men i mitt bokskrivande har jag funderat en del om upphovsrätten och dess betydelse för oss kreatörer. När fildelning var som hetast på tapeten skrev jag en del om det, och mycket av resonemanget är relevant för oss konstnärer i den digitala tidsåldern. Så förlåt en liten utsvävning i bokvärlden...

I Sverige har vi automatisk upphovsrätt. Det betyder att du inte behöver registrera ditt verk för att upphovsrätten ska gälla. Men betyder upphovsrätten något, nu när så många tycker att fildelning är helt ok? Lagen har inte ändrats. Att kopiera eller sprida upphovsrättsskyddat material är fortfarande olagligt. Om majoriteten tycker att fildelning är ok, ska lagen då ändras? Om majoriteten tycker att stöld är ok, ska lagen då ändras? Om majoriteten tycker att våldtäkt är ok, ska lagen då ändras? Självklart inte, bara för att många begår brott kan man ju inte se genom fingrarna och tro att de inte visste vad de gjorde.

Jag har läst boken Piraterna, de svenska fildelarna som plundrade Hollywood av Anders Rydell och Sam Sundberg. Mycket intressant läsning. De som ligger bakom programmeringen som gör det möjligt att fildela är hackers i grunden. De är intelligenta och lever sina liv på nätet och i datorernas värld. De är intresserade av att göra det som är tekniskt möjligt. Men de skiter fullständigt i om det är lagligt eller moraliskt försvarbart. Ungefär som höga chefer med osannolika bonusar, de bryr sig heller inte om vad vi tycker. De anser att de står ovan eller utanför lagen.

Osökt kommer jag att tänka på filmen Jurassic Park, där journalisten påpekar att "ni vetenskapsmän är så uppslukade av att göra det som är biologiskt möjligt, men ni ifrågasätter aldrig om det är lämpligt eller moraliskt att göra det ni gör". Teknik är underbart, men utan moral och etik kan ett samhälle inte fungera.

Men vem tjänar pengar på fildelning? Inte är det vi, som har upphovsrätten. Ej heller de flesta fildelare. Men, sajter som Pirate Bay kan tjäna åtskilligt på annonsintäkter för att de sprider upphovsrättsskyddat material. De som verkligen tjänar på fildelning, det är internetleverantörerna. När IPRED-lagen (Intellectual Property Rights Enforcement Directive) trädde i kraft 1 april 2009 sjönk Sveriges internettrafik med omkring 40%. Det är STORA pengar. Inte underligt att de vill skydda sina användare. De vet mycket väl att fildelarna gärna betalar för bandbredd.

Bokindustrin har betydligt bättre kanaler för distribution av digitala verk än musik och filmindustrin. När någon lånar en e- eller ljudbok via bibliotekens hemsidor, får jag betalt. Mina böcker finns att köpa oavsett var du befinner dig i världen via Amazon, Audible, AdLibris och så vidare. Så det finns ingen anledning att piratkopiera. Men ändå ligger en del av mina böcker på fildelningssajter.

Men hur vet någon att de vill ha mina verk? Är det inte så att gratisprover hjälper försäljningen? Absolut. Att dela ut gratis material är en del av marknadsföringen för de flesta produkter. Men det är jag som bestämmer hur mycket och vad som ska vara fritt att läsa eller lyssna till. Att lägga ut flera kapitel som gratis läsning är bevisligen smart, det ger läsaren tillräckligt mycket för att kunna bestämma sig om de vill läsa mera, och köpa boken. För ljudböcker är provlyssning a och o, där rösten ofta är avgörande om du känner för att lyssna till alla 14 timmarna. Från fem minuter till en halvtimme räcker väl som gratisprov. Världen förändras och mer och mer av försäljningen är digital. Men statistiken visar att många börjar med det som är fritt via biblioteken, gillar det, och sedan köper både bok och ljudbok. Skillnaden för oss med upphovsrätt är att vi får betalt när det sker via biblioteken...

Innan jag kommer så långt att boken blivit verklighet, ligger det mycket jobb bakom. Först erfarenhet, upplevelse och research för att överhuvudtaget kunna skriva boken. Jag behöver en dator, programvara och tid för att förverkliga idéerna i pränt. Medhjälpare är också nödvändiga, en bok skriver sig inte själv. Omslag, grafisk design, tryckeri och distribution tillkommer. Om jag ska göra ljudbok behöver jag återigen program, mikrofon, tid och pengar för att få till det. Poängen är att det kan ta lång tid och en hel del resurser innan boken är i tryck, eller tillgänglig som e- och ljudbok. Det är inte gratis att få ihop det.

En del fildelare tycker vi ska leva på annat, för att rättfärdiga sitt agerande. Skulle du jobba utan lön, bara för att jag tycker det? Om jag vill anställa dig, skulle du kunna tänka dig att jobba gratis? Nej, jag trodde väl inte det.

En del fildelare tycker att vi tjänar så mycket pengar ändå, så då är det väl helt ok att de stjäl? Faktum är att de flesta konstnärer inte kan leva på sin konst. Nytänkande och nyskapande kommer oftast från de små, i det lilla. Med en fildelares logik skulle jag kunna gå in på H&M och bara plocka med mig det jag vill, de tjänar ju redan så mycket pengar... Vi alla bidrar till det samhälle vi lever i. Hur vill du ha det?

Den digitala världen har invaderat även konstvärlden och jag kommer ta upp varför jag anser det så viktigt att ha kontroll över bilderna av våra verk och hur de används. Det kommer flera kapitel om hemsidor, hur man fotar konst, vattenmärkning, upplösning med mera. Hur vårt material kommer ut på nätet är viktigt att förstå, inte bara för oss konstnärer, men även för alla arrangörer och upphandlare av offentlig konst. Vi kommer aldrig ha full kontroll, men det finns mycket vi kan göra för att begränsa otillbörligt nyttjande av vår upphovsrätt. Om någon vill använda bilder av våra verk för att visa på nätet eller till vykort, broschyrer och kataloger ska vi naturligtvis få betalt.

Konst i vården

- Varför har sjukhuset så dyster konst?

Frågan kommer ofta från konstintresserade. Som om jag skulle veta svaret. Egentligen är det väl en fråga som många undrar över. Jag får ju ofta höra att min konst hör hemma i vården. Att de önskar att de hade haft min konst vid sin sjukhusvistelse, eller när de suttit i väntrummet, eller på mammas äldreboende. Min konst lämpar sig speciellt väl där betraktaren har tid att meditera på konsten, låta sig färdas med i sinnena på en upptäcktsfärd som väcker fantasin och ger ro i själen. En cancerpatient valde ett av mina alster som följeslagare genom livets slutskede.

Konstinköp för landsting hanteras av konsthandläggare, konstkonsulenter eller konstansvarig för landsting/region. I kommuner finns det ofta en konstansvarig eller kulturutvecklare. Konstfrämjandet jobbar också med konst i vården. Inköp av offentlig konst görs bara från yrkesverksamma konstnärer med eget företag. Tack vare internet så är inköp av offentlig konst inte längre begränsad till lokala gallerier, utställningar och ateljéer.

Men hur kom det sig att inköpen så starkt präglades av vad allmänheten upplever som dyster konst? Så här lär det ha gått till. När landstingen bestämde att de skulle köpa in konst för sina lokaler, anställde de konstansvariga. Som var experter på konst. Men de visste ingenting om sjuka människor. De hade förmodligen heller inte fått uppdraget att köpa in konst i ett läkande syfte. Inköpen gjordes i tidsandan, var den då präglad av teckningar i grått av trälande själar på svensk landsbygd så blev det mycket den typen av konst. Tyvärr. Konstinköpen beslutades utifrån vad som ansågs vara bra konst då. Tydligen ägnades få tankar om hur det skulle påverka människan i ett utsatt läge. Därav blev det en hel del nakenkonst, dyster konst, svår konst i stället för sådant som den sjuke skulle må bra av.

Det säger sig självt att konstsamlingar måste förnyas. Det är inte ovanligt att landstinget eller regionen sitter på konst för miljonbelopp. De har fullt i förråden. Rätt många regioner/landsting har påbörjat förnyelsen. De säljer ut konsten som inte passar i sjukhusmiljö och köper in lämpligare konst.

Det är bra och ger många positiva effekter. Det lyfter människan när hon behöver det som mest.

Eftersom de sitter på mer konst än som får plats i lokalerna så skulle de antingen kunna sälja av mer konst, eller varför inte låna ut konsten till invånarna? Likaväl som vi lånar böcker på biblioteket skulle vi kunna få låna hem konst. Speciellt för långtidssjuka skulle det kunna vara en del i läkningen. Eller varför inte konst på recept? Rätt konst kan påverka oss mer än de flesta anar.

När jag var i trettioårsåldern drabbades jag av en svår infektion och blev inlagd på sjukhus. I mitt rum hängde en otroligt mörk och dyster målning. Det här var i USA, så det är inte bara i Sverige som konsten varit malplacerad. Jag låg där och varje gång jag vaknade till sögs jag in i målningen. Jag kände hur jag drogs närmare och närmare döden. I mitt svaga tillstånd påverkades jag så otroligt starkt av detta dystra konstverk att jag kände att jag började släppa taget om jordelivet. Men ville jag dö? Nej, än hade jag mycket kvar av livet. Någonstans djupt i detta mörka töcken tog livsgnistan tag i mig och jag kämpade mig tillbaka. Inte kunde jag tillåta en dyster målning att ta livet av mig. Så här sitter jag trettio år senare och skriver om konst i sjukhusmiljö. Med en mycket stark livsgnista.

Har du tankar om vilken konst du skulle vilja se i de offentliga rummen eller på utställningar? Hör av dig till de konstansvariga i ditt landsting, din region eller din kommun.

Landsting, län och regioner

Vad är skillnaden? Det undrade jag också. Landstingen håller på att ombildas till regioner, så i framtiden kommer begreppet landsting att försvinna. I och med regionbildningarna så slår man ihop landstinget med kommunernas regionala förbund. Regionen tar över landstingets och regionförbundets nuvarande uppgifter inom folkhälsa och sjukvård, regional utveckling samt arbetsmarknad och näringsliv. Regionen tar också över vissa uppgifter inom regional tillväxt och infrastruktur från länsstyrelsen samt en del av de uppgifter som kommunerna idag samverkar kring. Hur konst och kultur kommer att hanteras återstår att se, förhoppningen är ju att det blir en bättre samverkan och enklare att föra en dialog med regionens beslutsfattare.

Länen är underordnade landstingen. Landstingen sköter i främsta hand sjukvården. Men de sköter också kollektivtrafik, kultur och museer på länsnivå. Landshövdingen representerar regionen och vid val röstar vi på landstingspolitiker till landstingsfullmäktige, som är det högsta beslutande organet i landstingsorganisationen.

Landstinget finansieras av inkomstskatten. På löner dras i runda siffror 30 procent inkomstskatt, vid en viss nivå tillkommer en statlig inkomstskatt. Men av de där 30 procenten så går en tredjedel till landstinget och två tredjedelar till kommunen. Även om merparten av landstingsskatten går till sjukvård och kollektivtrafik spenderas en väsentlig summa på konst och annan kultur såsom musik, dans och teater.

I vissa regioner läggs mycket energi på att hjälpa de yrkesverksamma konstnärerna. Man är med och stöttar konstnärscentrum ekonomiskt. Man bidrar till seminarier och bjuder in internationella curatorer för att regionens konstnärer ska få en chans att nå nya marknader. Man arrangerar lokala konstvandringar. Man gynnar de lokala konstnärerna vid inköp och utställningar. Man har en regional hemsida som fungerar som en konstportal. En hel del sjukhus har utställningslokaler som är ännu en yta för professionella konstnärer att visa upp sin konst på. Besökarna brukar uppskatta det skiftande utbudet och för personalen är det ett lyft att få se en variation på väggarna.

Som ung konstnär kan det löna sig att göra research innan man bestämmer var man ska slå ner bopålarna. Hur mycket som spenderas på konst och konstnärer varierar enormt. Hur mycket man månar om de lokala förmågorna är viktigt att förstå. På vissa ställen blir man aldrig profet i sin egen trakt, på andra ställen är det tvärtom. Där finns det ateljéstöd, kurser, seminarier, nätverk, allt för att hjälpa de lokala konstnärerna. Regionen underlättar kontakten med näringsliv, konstföreningar och gallerier. En region kan göra oerhört mycket för sina näringsidkare. Eller tvärtom. Så om du är ung, gör research och bosätt dig där du kommer mötas av "vad roligt att du vill jobba här, hur kan vi hjälpa dig?".

En hel del länsmuseer ordnar utställningar för de lokalt förankrade konstnärerna, alltså de yrkesverksamma. I en del län överlåter man uppgiften till en konstförening där det inte är ovanligt att amatörer blandas med proffsen. Ju mer jag skriver på den här boken, ju mer tror jag att kärnan till att vi har så svårt att få gehör för att konstnärer ska ha betalt, är att man blandat ihop begreppen. Jag tror inte det finns någon annan yrkeskår, där man sätter likhetstecken mellan yrkesverksam och amatör. Alla kallas konstnär. Däri ligger pudelns kärna. Att vara näringsidkare kan aldrig vara samma sak som att pyssla med en hobby.

Länsmuseer köper in konst till sina samlingar. Oftast från utställningar, men också av lokalt betydelsefulla konstnärer. Jag önskar att det fanns ett lättare sätt att nå beslutsfattarna för inköp av konst. Som det nu är måste varje individuell konstnär knacka på varenda dörr. Det blir säkert jobbigt för inköparna med. De blir trötta på den strida strömmen av konstnärer som vill nå ut med sina verk.

Regionala resurscentrum

En idé som drivs av våra konstnärsorganisationer är regionala resurscentrum, en samordnande plattform för bild- och formkonsten. Till viss mån gör våra Konstnärscentrum redan en hel del av det jobbet. Däri finns mycket kompetens och fungerande nätverk. Men tanken med resurscentrum skulle gå flera steg längre, och tilldelas betydligt större resurser att utföra jobbet. Här har landstingen/regionerna kommit olika långt, en del har redan satt igång och andra har inte ens börjat. Vissa regioner har det överhuvudtaget inte på dagordningen, än. Tanken är att varje region utformar plattformen utifrån de regionala förutsättningarna. Det finns ingen mall som ska passa alla, utan man skapar den plattform som bäst tar vara på möjligheterna i regionen.

Kulturverkstäder är ett bra sätt att sammanlänka konstnärer. De fyller ett behov. Men för oss som bor utanför storstäderna och gillar att jobba självständigt finns det andra lösningar som är av intresse. Till exempel möjlighet till Artist in Residence för en period med syfte att fokuserat jobba med konstnärskapet, utbyta erfarenheter med andra konstnärer och inte minst skapa nya nätverk.

Kompetensutveckling är förstås en viktig del i ett resurscentrum. Bland oss konstnärer finns en stor kunskap. Att utnyttja denna resurs vore inte bara smart men skulle också ge behövliga inkomster för de som hjälper andra. Jag har en stark tro på "peer to peer learning" och har praktiserat det i många år. Det har en mereffekt utöver bara kunskapen, det bygger relationer och skapar nätverk, och kan bidra till att stärka hela yrkeskåren.

Geografi. Med internet borde det vara lättare att fånga upp alla i en region, oavsett om man bor i metropol, småort eller på vischan. Det går att göra mycket online tillsammans. Men likaväl som att kurser läggs i de större städerna, kan de lika gärna läggas på landsbygden.

I en regional förstudie för ett resurscentrum ingick kommentarer från konstnärer. Mycket intressant. Utbyte stod högt på listan. Jag kan tänka mig en slags HomeForExchange men för konstnärer, en utbytesbank där man byter boende och ateljé under en period. Stipendier borde inte vara knutna till institutioner, utan att man ska kunna söka för att vara hos en annan konstnär. Kan vara som ett mentorskap. Bättre vägar till EU pengar? Bättre koppling till de kommunala näringslivsbolagen?

Jag tror det är viktigt att länka ihop oss, så vi enklare hittar varandra. På regional basis är nätverk och information kanske mer självklart än databaser på internet, men jag tror båda behövs. Framförallt länkningen mellan konstnär och uppdragsgivare, att det blir enklare att hitta varandra, så vi kan jobba tillsammans för ett bättre konst-Sverige. Att det skapas en dialog, som går åt båda hållen, en samverkan så vi förverkligar potentialen i KONSTRIKET.

Att få upp konstnären som kreativ entreprenör på dagordningen hos politiker är viktigt. Pengar finns det till kultur, men målet borde vara att maximera potten som går till den kreativa entreprenören. I nuläge hamnar det mesta hos avlönade offentligt anställda.

Allt eftersom regionerna tar tag i frågan om resurscentrum kommer det säkert mer idéer och möjligheter. Det är bra. Här finns potential att stärka konstlivet.

1% till konsten

Jag lär mig mycket genom att skriva den här boken. Redan 1937 kom staten ut med rekommendationen att en procent av offentliga investeringsbudgetar i fastigheter och infrastruktur ska läggas på konstnärliga gestaltningar. Vid ny- och ombyggnation går således 1% till konst, det kan vara utsmyckningar, gestaltningar, fasta installationer eller lös konst. Regeln har redan hunnit bli pensionär och än har den inte anammats av alla offentliga instanser i vårt långa land. Enprocentsregeln, procentregeln, 1% projekt är olika namn som dyker upp när jag söker på nätet.

Genom att lägga 1% av budgeten på konst för det offentliga rummet har vi vackrare rondeller, idrottshallar, parker, skolor, sjukhus och arenor. Konsten bidrar till ett rikare samhälle, den väcker tankar, den ger oss något som ligger bortom orden. Konsten skapar mötesplatser, dialoger och inspiration samt bidrar till människors välmående.

Procenten delas ofta upp i lagom stora portioner. Inköpen kan göras som offentliga upphandlingar, separata inköp av lös konst eller beställningar från utvalda konstnärer. Det finns för och nackdelar med alla tillvägagångssätten.

I vissa regioner och kommuner har man ett väl utvecklat arbetssätt med konstnärliga utsmyckningar. Det underlättar. Våra Konstnärscentrum jobbar aktivt med just det offentliga rummet. Deras konstkonsulter är rådgivare och projektledare inte bara till offentligt finansierade projekt men även privata, såsom hotell och kontorslokaler. De för samtal med kommuner och regioner om 1% regeln och offentlig upphandling. KRO/KIF jobbar också med dessa frågor, de lyfter fram verkligheten för politikerna och pressen.

Offentliga upphandlingar, beställningar och direktinköp

Tröskelvärdet för offentliga upphandlingar ligger i nuläget (2013) under 300 000 kronor; 286 000 kronor för att vara exakt. Under den summan kan man göra inköpen på annat sätt. Antingen köper man in lös konst eller så gör man beställningar från utvalda konstnärer.

Offentliga upphandlingar är ofta, men inte alltid, för fast konst. Det kan vara skulpturer, ljusinstallationer, muralmålningar, hela väggar och så vidare. LOU, Lagen om Offentlig Upphandling, reglerar hur det ska gå till. Jag har ännu inte träffat en företagare, som vid orden "offentlig upphandling", inte reagerar negativt. Blicken blir uppgiven, axlarna sjunker, sucken hörs ända ner i tårna och så yttrar de något som inte får sättas på pränt. Det kan hända att de offentligt anställda känner likadant, men de har i alla fall full lön medan de hittar på ännu ett papper för oss att fylla i. Företagaren får ingen ersättning alls för den tid de lägger ner på att skapa ett anbud. Om de skulle vinna får de förstås för uppdraget, men själva anbudet är gratistid.

Offentliga upphandlingar behöver inte vara krångliga. Det finns de som görs enkelt, klart och tydligt. Där en intresseanmälan räcker, sedan väljs tre konstnärer ut att göra skissförslag, som de får betalt för. Därefter väljs en konstnär för hela uppdraget. Det är enkelt när uppdraget är tydligt specificerat. Vad är det som efterfrågas, var ska det placeras, vilka material och tekniker är aktuella. Det går också att krångla till det så in i Norden. Ju svårare man gör det, ju färre intressenter. Vi måste ju avväga hur mycket tid vi är villiga att jobba gratis mot chansen att få jobbet. För konstnärer är uppdragen sällan så mycket mer än de där 300 000. Efter material och omkostnader, moms, sociala avgifter och skatter blir det inte så mycket kvar för att betala själva skapandet.

Vid upphandlingar för konstnärliga gestaltningar kan de få in uppåt 100 intresseanmälningar om det är klart, tydligt och enkelt att anmäla sig. Är det däremot en skisstävling, där första steget är en enkel skiss, blir det kanske 30-40 intressenter. Är det en krånglig upphandling med särskilda dokumentationskrav innan urval; till exempel utförlig skiss, beskrivning av installation och skötsel, detaljerad budget och så vidare kan sökanden sjunka till ett dussintal. Likaså om förfrågningsunderlaget är så luddigt att man inte vet vad som egentligen efterfrågas. Ju krångligare upphandlingen görs, ju färre söker och desto större risk att någon överklagar.

Ibland försöker de sko sig på konstnärens bekostnad. Det finns riktlinjer att förhålla sig till. Är man osäker så kan man konsultera konstnärsorganisationerna eller anlita en konsult från Konstnärscentrum. Med tanke på att 64 procent av bild- och formkonstnärerna tjänar mindre än 13 300 kr i månaden är det förvånansvärt att man ens tänker tanken att klämma konstnären som om vi vore en megakoncern. Det händer tyvärr alldeles för ofta. Några vanliga fadäser är att man lägger skissarvodet långt under rekommendationerna eller att man trollar bort den upphovsrättsliga ersättningen. Enligt BUS så ska upphovsrättsligt nyttjande preciseras med hur verket får återges och i hur många exemplar. Om ens verk skulle bli en symbol för trakten kan det dyka upp på broschyrer och vykort i stora mängder under många år framöver. Är det carte blanche inkluderat i upphandlingen får konstnären noll för det upphovsrättsliga nyttjandet. Det är att utnyttja konstnärerna. Fy skäms!

Ibland undrar jag om kraven skrivs för att utesluta alla utom den man egentligen vill ge jobbet till. Ett mycket vanligt krav är att man ska skicka med tre dokumenterade utsmyckningar, helst utförda inom de senaste tre åren, med utförliga beskrivningar av installationerna och beställarna. För unga nyutexaminerade är det här otroligt orättvist. De har inte en chans att komma upp på banan. Från mitt perspektiv har de redan passerat nålsögat att ta sig igenom en konstnärlig högskoleutbildning och startat företag. De är redan kvalificerade. Likaså konstnärer som jag, som passerat nålsögat jurerat inval i KRO och som driver företag. Vi är redan kvalificerade. Konstnärer skapar inte på löpande band, i alla fall jag är periodare. Jag kan gott tänka mig att en konstnär gjort många offentliga uppdrag, tagit en paus och sysslat med annat, och nu har kreativ energi så det bara ryker om det. Men de sorteras också bort i överkraven.

En annan sak som förvånar mig är att SKL, Sveriges kommuner och landsting, inte har standardiserade kommersiella villkor. När jag pratat med andra företagare förstår jag att det inte är unikt för konstnärliga utsmyckningar att de kommersiella villkoren aldrig är desamma. I den privata sektorn har alla stora företag standardiserade kommersiella villkor. Det förenklar och sparar stora pengar. Att ändra villkoren skapar osäkerhet, leder lätt till misstag, och framförallt krånglar det till hela processen. På båda sidorna måste man ägna tid att granska de nya villkoren och sätta sig in i vad det här betyder för oss. Med standardvillkor har man det ur vägen och kan fokusera på innehållet, det kvalitativa, som är kärnan i det hela.

Att överklaga en offentlig upphandling är lite Moment 22. För att kunna överklaga måste man ha skickat in ett anbud. Har man gjort det så har man accepterat villkoren. Då kan man inte påvisa att man lidit skada av att någon annan fått upphandlingen. För man accepterade villkoren genom att skicka in ett anbud. Förvaltningsrätten prövar också om Lagen om Offentlig Upphandling följts. Där tar man bara upp det som i strikt bemärkelse lyder under LOU, men inte alla riktlinjer som finns via BUS, KRO/KIF, Konstnärscentrum och så vidare. Andra sätt att driva på utvecklingen mot sundare villkor är att bojkotta oskäliga upphandlingar, lyfta upp problematiken i pressen och hos politiker, och genom att våra konstnärsorganisationer skriver yttranden i frågan.

Enligt nyhetsbrevet Upphandling 24 är det många upphandlingar som överklagas och hamnar på Förvaltningsrättens bord. Så mycket som en tredjedel av vissa myndigheters upphandlingar överklagas, riksgenomsnittet ligger på sju procent. Tack vare våra konstnärsorganisationer, speciellt Konstnärscentrum, får vi som medlemmar löpande information om utlysta upphandlingar för offentliga gestaltningar.

Beställningar är ett annat sätt att köpa in offentliga konstnärliga utsmyckningar. Det kan röra sig om både fast och lös konst. Om värdet ligger under LOU:s tröskel, under 286 000, så finns det inget krav att göra en offentlig upphandling. Själv gillar jag idén. Här väljer man ut lämpliga konstnärer, och om de är intresserade får de uppdraget. Det ställer större krav på inhandlande myndighet, personerna måste sätta sig in i vad som skulle passa in och vilka som kan komma på tal för uppdraget. En del jobbar med högskolorna, en del jobbar med landstingets konstkonsulenter, en del jobbar med konsulterna på Konstnärscentrum. Oavsett hur, så görs valet utifrån bästa matchen mellan platsen och konstnären. Pengarna ramlar inte bort i administration och pappersexercis. Oftast får konstnären fria händer och har också en chans att via dialog, med arkitekter och de som ska jobba där, att verkligen förstå vad som efterfrågas och hur platsen kan nyttjas. Det blir helt enkelt en produkt i samverkan.

Direktinköp av lös konst. Vi tänker väl i första hand på de stora installationerna när man pratar offentlig konst, men vad jag förstår så är det rätt vanligt att man sparar en del av en procenten till lös konst. Den biten är ju också viktig. För inte så länge sen lyssnade jag på ett seminarium om offentlig konst, där i alla fall en myndighet, vis av erfarenhet, köper in mer lös konst än fast. Organisationer får nya uppdrag, byggnader förändras, hur man nyttjar lokalerna är inte samma år ut och år in, det kräver en flexibilitet i utsmyckningen. Den lösa konsten är lätt att flytta och skapa nya rum med. Fast konst är man fast med.

Eftersom jag är bildkonstnär har jag stort intresse av hur inköpsprocessen fungerar. Vid projekt är det ju inte alltid den vanlige konsthandläggaren, konstansvarige eller konstkonsulenten som gör själva inköpen. Det kan delegeras till ett privat företag, eller en speciell inköpsenhet. Om man målmedvetet vill satsa som konstentreprenör och verkligen sälja in sig, hur hittar man rätt i djungeln? Inköp av lös konst är ofta en slumpmässig affär. De går ut på stan, slinker in på ett galleri, och så var den budgeten spenderad.

Det borde finnas ett bättre sätt att nå beslutsfattare. Både när det gäller beställningar och inköp av lös konst. Ett resurscentrum vore ett sätt. En konstdatabas en annan. Med dagens teknik är det hur enkelt som helst att beställa direkt från konstnären via våra hemsidor. Ateljévisningar kan göras digitalt med Skype video och andra verktyg. Men helt ärligt, så undrar jag varför nuvarande inköpare inte kartlägger de konstnärer som finns i trakten, vad de jobbar med och vad de har för speciella förmågor. Var och en av oss har fallenhet och intresse för olika aspekter av det offentliga rummet. Sfärerna behöver mötas. Om det fanns bra regionala kartläggningar förenklar det utbytet med andra regioner och andra länder. Det skulle var spännande.

Sälja konst till företag

Företag har av naturliga skäl större möjlighet att köpa in konst än privatpersoner. De vill skapa en bra arbetsmiljö för sina anställda. Så de köper kvalitetsmöbler, fin belysning och vackra gardiner, allt för att skapa en fin stämning på jobbet. Men vad gäller rent skattemässigt för företag som vill köpa vår konst? Informationen på nätet spretar rätt rejält, allt från att konst inte går att skriva av till att det är krångligt för företag att motivera konstinköpen så de kan ta upp dem i företagets bokföring. För att ta reda på vad som verkligen gäller gick jag direkt till källan. Jag ringde helt enkelt upp Skatteverket.

Konst som förväntas gå upp i värde, det vill säga konst som köps in som kapitalplacering, ungefär som att placera företagets tillgångar i fonder och aktier, räknas som investering och är inte avdragsgill. Den köps för skattade pengar och tas upp som kapitalplacering i bokföringen. Vanligtvis finner man den här typen av konst på de stora auktionshusen. Som konstnär gäller generellt att man behöver vara död ett bra tag innan man når de sfärerna med tillhörande fantasisummor. Nyproducerad konst kan också köpas in som investering med skattade pengar. Moms är inte avdragsgill för kapitalplaceringar.

Men, om nu företaget vill köpa konst för att helt enkelt skapa en bättre arbetsmiljö, vad gäller då? Om konsten är en utsmyckning? Om konsten är en del av inredningen? Går det att bokföra konstinköpen som inventarier, precis på samma sätt som inköp av datorer och kontorsmöbler? Det är här det blir så luddigt. Om företaget kan visa att konsten har ekonomisk livslängd, det vill säga att den sjunker i värde så kan man yrka om avdrag för inköp av konst. Då kan momsen på 12% dras av i bokföringen, precis som för all annan inredning. Köps konsten från en gallerist är momssatsen 25%.

Ett alternativ är möjligen avdragsrätt för konst som utsmyckning i lokalerna. Att se det som en arbetsmiljöfråga. Hur en lokal ser ut kan ha betydelse för personalens trivsel. Konstverk i denna betydelse torde kunna betraktas som att värdet sjunker över tiden. Tyvärr finns ingen reglering i inkomstskattelagen så köparen får genom att yrka i sin inkomstdeklaration för bolaget pröva regler om inventarier eller allmänna regler om kostnadsavdrag kan gälla. Det är en stor risk för företaget att satsa på konst och hoppas på att Skatteverket godkänner inköpen som inredning. Ibland går det, ibland inte. Här behövs en tydlig regel. För det mesta skippar företagen konstinköpen och satsar på annan inredning. Till exempel designade fåtöljer.

Politiker har tidigare varit svårflörtade i frågan om avdragsgilla konstinköp till företag. Så här skriver Elisabeth Ekstrand, ordförande i KRO 1995-1998, i tidskriften Konstnären nr 03/04/2012:

"Jag var oerhört engagerad i att få igenom avdragsrätt för konstinköp. Men Göran Persson, som var finansminister på den tiden, undvek mig med flit. Jag kom aldrig fram till honom. Däremot fick jag en dialog med Skatteverket och Anitra Steen. Hon hade en väldigt rolig advokat, som föreslog att vi skulle visa honom ett case där ett företag köpt in ett stort konstverk som de dragit av. 'När företaget sedan hamnar i trubbel är jag beredd att gå in och hjälpa er', sa han. Och det var ingen dum idé, han var klurig som sjutton! Så jag började leta efter något företag som kunde tänka sig att ställa upp. Men god morgon alltså, det var inte lätt. Företagen visste att de skulle bli granskade, inte ett enda företag ville ställa upp. Jag var så besviken! Men jag kommer aldrig att glömma den där kluriga killen."

Danmark införde 2002 avdragsrätt för inköp av nyproducerad konst till företag. Försäljningen ökade markant. I Sverige hänvisas konstnärer till att sälja in leasing av konst till företag. Det är krångligt, svårt att sälja in konceptet och tar mycket tid för hängning och omhängning. Risken finns att konstverken skadas under leasingperioden.

I stället för att satsa kulturpengarna i ännu fler projekt, som oftast skapar fler byråkrater och administratörer, där bara smulor går till själva konstnärerna, borde det vara enkelt att förtydliga skattereglerna. Gör inköp av konst till företag avdragsgill om man köper från gallerist eller konstnär med företag. Det skulle göra mer av konstkakan vit, det skulle öka försäljningen för konstnärer och gallerister samt öka svenska företagares kompetens inom kulturområdet. En enkel åtgärd, som skulle ge betydligt större ringar på vattnet än ytterligare en snedvriden satsning på kulturområdet.

Gallerier

De allra flesta gallerier drivs i näringsidkande syfte, det vill säga som företag. Ibland är det organisationer som står bakom, men syftet är för det mesta kommersiellt. Men det finns ju alltid undantag. Här tänkte jag skriva om de kommersiella gallerierna.

De som förtjänar kudos är förstå alla gallerier som följer MU-avtalet. De betalar konstnärerna för sin medverkan och att de får visa konsten offentligt. KRO/KIF uppdaterar kontinuerligt listan av alla arrangörer som anslutit sig till MU-avtalet, den växer sakta men säkert. Det gläder mig att utvecklingen går i rätt riktning.

En gallerist kan vara guld värd. De bästa är mycket kunniga inom konst, är fenomenala säljare, förstår sig på marknadsföring, har ett kundregister med köpstarka konstintresserade individer och organisationer, och jobbar för sina konstnärer. De ser konstnären som en affärspartner, där samarbetet fortsätter år efter år, med återkommande utställningar och evenemang. De presenterar sina konstnärer till presumtiva kunder, jobbar på att stärka och utvidga sina kontakter, de lyfter fram intressant konst för sin kundkrets. Tack vare att de är så bra på vad de gör, får de en rejäl inkomst på den provision de tar ut. Tyvärr finns det alldeles för få gallerister inom Sverige som jobbar på det här viset nuförtiden. Få är de som vågar satsa på nya konstnärer, visa upp de som verkligen är kommande. Jag gillar det engelska uttrycket, Emerging Artists.

En tydlig trend är att man mer och mer ser konstnären som någon att tjäna pengar på, utan att behöva göra sitt jobb. Kommuner vill ta ut provision bara för att konsten hänger där. De är förstås inte säljare och har heller inget kommersiellt uppdrag. Hyrgallerierna blir bara fler och fler och sälja, det förväntas konstnären göra själv. Inflationen har även nått galleriprovisionerna, från att ha varit runt 30% till nu som oftast 50% som standard, oavsett prestation från galleriets sida. Mer än 50% provision anses oskäligt av våra fackföreningar som KRO/KIF.

Jag vet inte vad som förvånar mig mer, att konstnärer utnyttjas, eller att konstnärerna ställer upp på oskäliga villkor. Att skriva den här boken har gett mig insikt och klarhet. Det är mer än dags att vi konstnärer sätter ner foten och säger nej, när villkoren inte är anständiga.

Det finns en hel del gallerier som verkar fungera som de stora boklådorna där bara bästsäljarna ges utrymme. Samma konstnärer och litografier i olika städer man besöker. De som man vet man kan sälja. Som inte behöver presenteras. När jag frågade om utställning på ett sådant galleri fick jag svaret att återkomma när jag är känd. Alltså när jag hade en egen kundkrets att tillföra, så galleristen bara kunde stå där och knappa in försäljningen i kassaapparaten. Men vernissagekorten, det fick utställarna bekosta. Det är ju när man inte är så känd som man har behov av att visa upp sig. När jag väl är det, då kan jag sälja själv på min hemsida. Det är mycket enkelt att bygga en webbshop med e-handel. Faktum är, att med nutidens teknik, är det nog smartare att börja på webben. Kostnaderna är minimala och du kan nå hela världen. Hur ska jag berätta mer om lite längre fram.

Likaväl som det finns boklådor som tänker själva finns det förstås gallerier som är intresserade av det som ligger bortom populärkulturen. Vår lokala bokhandel är ett lysande exempel på att det går att lyfta fram böcker med smal profil och skapa intresse med en stor dos kreativitet. De har speciella hyllor med de olika medarbetarnas favoriter, de är aktiva på sociala medier, de har kundklubb, en bokcirkel samt evenemang med personligheter inom bokbranschen. Ett galleri kan också välja att lyfta fram konst och konstnärer på nya sätt, tänka i nya banor, se nya möjligheter. Det tar längre tid att sälja in konst. En galleriverksamhet tar lång tid att bygga upp, så det ska man nog starta när man är ung.

Gallerier har olika inriktning. En del säljer till konstföreningar, en del till allmänheten, en del till offentliga instanser och en del vänder sig till företag. De har också olika inriktningar på typ av konst, föreställande, abstrakt, nutid, framtid, dåtid, ja det hänger på galleristens eget intresse och kunskap.

Efter gallerierna som följer MU finns de som låter konstnären ställa ut gratis. Galleristen betalar kostnaderna men tar provision. Därefter kommer gallerier som tar en hyra, men som själva sköter visning och försäljning. Så finns det gallerier som tar hyra, konstnären får vakta själva men galleriet har en bra kundkrets som konstnären får tillgång till. Till sist, de rena hyrgallerierna, där konstnärerna får sköta allt själva. De hyr ut en lokal. Till vem som helst. Punkt slut. De borde inte få kalla sig gallerier över huvud taget.

Om du har en stor kundkrets kan du sälja bra oavsett var du visar upp din konst. Varför ska du då betala dyra pengar? Som proffs ska du inte betala för att ställa ut. Det är min åsikt. För våra konstnärsorganisationer är MU målet, så det säger sig självt att de inte rekommenderar hyrgallerier.

Om vi hade en konstdatabas, skulle vi kunna klassificera gallerierna, utefter deras villkor.

Resurser för en kreativ entreprenör

Dagens konstnärer driver företag. Det finns en hel del resurser som vi bör känna till. Först och främst bör du bekanta dig med det lokala **näringslivsbolaget**. Alla kommuner, så vitt jag vet, har ett bolag eller en organisation som jobbar med och för företagarna i trakten. Här finns många kontaktytor och nätverk, utbildningar och seminarier. De kan hjälpa med allt från start av företag, hitta lämpliga lokaler, knyta de rätta kontakterna, bolla idéer, erbjuda hjälp och stöttning på många olika sätt och vis. Varje kommun driver frågorna utefter efterfrågan på lokalnivå.

Jag har tack vare vårt näringslivsbolag varit med i flera EU-projekt, deltagit i ett flertal nätverk i utvecklingssyfte, varit på exportseminarier, säljträffar, skatteinformation, att bygga e-handel på nätet, lunch och frukostmöten med uppdateringar inom näringslivet, träffat representanter från Handelshögskolans projekt med mera.

Det är ofta via näringslivsbolagen vi får information om EU pengar. Oavsett vad du tycker om vårt medlemskap i unionen, så betalar Sverige in mer är de får ut. Vi kan söka EU medel för olika projekt. Typiskt är att under en tidsperiod sätter de en inriktning. Det kan handla om ungdomar, det kan handla om kompetensutveckling, eller om samverkan i olika länder. Vi konstnärer skulle kunna göra så oerhört mycket mer internationellt, speciellt inom EU. Här vore det geschwint om vi fick hjälp att mötas, diskutera, lyfta fram idéer som skulle gynna konsten, konstnärerna och det internationella kulturutbytet.

Tillväxtverket är en annan myndighet som jobbar för företagande och tillväxt i regionerna. De har en bred och mångfacetterad verksamhet. En del av insatserna har företag och regioner glädje av direkt, medans andra insatser påverkar förutsättningarna för företagande och regional tillväxt på längre sikt.

Exportrådet, eller Business Sweden som det nu heter, sammanslaget med Invest Sweden, är en viktig myndighet om du vill få ut din konst internationellt. Jag kom i kontakt med Exportrådet via en inspirationsdag för kulturutövare "Hitta nya nätverk och en större marknad" som arrangerades av olika aktörer inom de kreativa näringarna. Vi kreatörer sitter ju ofta ensamma i våra ateljéer så det var roligt att få komma ut och träffa nya människor, inte bara konstnärer, men också dansare och musiker. Informationen vi fick ta del av både sporrade kreativiteten och gav oss nya verktyg och vägar. Under en av brainstorming sessionerna under dagen dök en idé upp som jag jobbar vidare på med en annan konstnär. Det kan bli ett riktigt spännande projekt.

Hur många vet att Exportrådet erbjuder 6 halvdagar kostnadsfritt till företagare som vill få rådgivning och bolla idéer? Självklart bokade jag tid. Bara efter första träffen har jag massor med uppslag och större klarhet om vilka idéer som lönar sig att jobba vidare med. Sverige är ju tredje exportlandet i världen för musik, vi skulle kunna göra samma sak för konsten. Det inhemska intresset är inte så stort som det skulle kunna vara. Nyligen rapporterade Sveriges Radio om det kulturlösa näringslivet. "I Paris drar affärsmän lott för att slippa äta lunch med svenskar. Ingen vill äta lunch med svenska affärsmän eftersom de bara kan prata pengar, möjligen golf. Ingen har läst romaner, ingen har sett nån konst och ingen har nån religion." När jag flyttade till Frankrike i slutet av 1980-talet var det populäraste programmet på fransk TV ett djuplodande litteraturprogram "Apostrophes". Jämfört med många andra länder är de svenska stora företagen i toppen påfallande lite vända mot kultursektorn om man jämför med brittisk eller tyskt eller franskt näringsliv. Det kan ha att göra med en bristande humanistisk bildningstradition eller fritidsintressen som golf och sport. Man läser inte böcker, går inte på teater, man tittar inte på konstutställningar. När jag utbildade mig till civilingenjör i USA ingick en portion humaniora. Det ansågs viktigt att man rundade ut sin utbildning för att bli en bättre medarbetare och chef. Där läggs ju också stora summor på välgörenhet, inte bara för social välfärd, men också kultur och konst. Företagen är stora sponsorer av kulturlivet i USA.

Alla företagare måste ju hitta sin egen väg. Oftast är vi duktiga på vår sak, och sen tillkommer allt det där man måste göra, som inte är ens expertis. Jag är allra sämst på försäljning och marknadsföring. Jag måste hitta en väg som fungerar för mig, som överensstämmer med den jag är, innerst inne. Så jag försöker hitta sätt att nå ut som gör att jag mår bra av processen, där jag som person kommer till min rätt. Ett exempel är nätverket Walk and Talk. Ett affärsnätverk med naturen som mötesrum. Vi går cirka 1 timme, varpå man hinner prata med 6 personer tack vare att vi var tionde minut byter samtalspartner. Efteråt äter vi lunch tillsammans. Walk and Talk grupper finns på olika platser i landet och det går ju alltid att starta en egen grupp!

Sälja konst till privatpersoner

Konsten hamnar ofta i något slags ingenmansland. Om jag anlitar en målarfirma för att måla och tapetsera i mitt hus, så kan jag nyttja ROT-avdraget. Men om jag anlitar en konstnär för att måla väggarna för samma kostnad, så kan jag inte nyttja ROT. Visst är det märkligt? Här är ännu en skatteregel som missgynnar konstnärer, vi står ännu en gång utanför.

Konstnärliga utsmyckningar borde ingå i ROT-avdragen. Det skulle underlätta för oss att verkligen driva företag och skapa ett djupare intresse för konst.

Och, varför inte göra inköp av konst avdragsgill för privatpersoner? Upp till en viss summa per år. Med tanke på att cirka 7% av omsättningen för konst är svart, skulle ett enkelt avdrag helt plötsligt göra inköpen vita. Det skulle gynna alla oss konstnärer som försöker göra rätt för oss själva och betala moms och skatter. För vi får ju ofta frågan, varför är du så dyr? Frågan borde vara varför är viss konst så billig? Jo, för att den aldrig dyker upp på en inkomstdeklaration, inte ens som hobby.

Om privatpersoner efterfrågar kvitto, faktura och F-skatt för att de kan ta upp konstinköp i sin deklaration skulle det förändra förutsättningar för yrkesverksamma konstnärer. Svarthandeln snedvrider konkurrensen och kostar i längden samhället mycket pengar.

Reko

Reko kartlägger årligen arbetsvillkoren för svenska konstnärer som ställer ut vid landets museer och konsthallar. Undersökta institutioner rankas i Rekoindex. De som ger schysta villkor Rekomärks och Sveriges mest Reko institution vinner Rekopriset.

Just nu är projektet vilande, men under åren 2009-2011 samlade de in massor med information om hur verkligheten ser ut för konstnärerna. Projektet drevs av den ideella föreningen c/o konst med stöd av KUN och Statens kulturråd. Det skrevs många spaltmeter i media och tack vare Rekos kartläggning har framförallt MU-avtalet blivit synligare i budgetdebatterna. Men än finns det massor kvar att göra. Tyvärr är det ju så, att det går att få pengar till att starta projekt, men när det väl börjar rulla på så ska nya projekt finansieras. Tänk vilket genomslag man skulle kunna få om projekten finansierades mer långsiktigt, i stället för en dutt i taget.

Reko har kartlagt arbetsvillkoren bakom konsten på konsthallar och museer i Sverige. De har ställt frågor som: Skrivs det avtal med konstnärerna? Får de sina kostnader ersatta? Betalas korrekta arvoden? Vilken policy och inställning har institutionerna när det gäller konstnärernas arbetsvillkor?

Reko började sin offentliga verksamhet i januari 2009, när det nya statliga utställningsavtalet, MU-avtalet, trädde i kraft. Projektet lanserades i februari samma år med ett seminarium på Kulturhuset. Rekorapporten 2010 genererade stor uppmärksamhet i media och konstbranschen – både på ett nationellt och internationellt plan. Reko har bland annat medverkat vid ett seminarium i Bergen och Almedalsveckan i Visby och projektet har tagits upp i den tyska kulturpolitiska debatten.

Uppgifterna som ligger till grund för bedömningen har främst lämnats av konstnärer, men även av utställningsproducenter och curatorer. Undersökningen visar att var fjärde konstnär saknar ett skriftligt avtal. Tre av tio institutioner låter konstnärer arbeta utan avtal vid enstaka eller upprepade tillfällen. Nästan var femte konstnär måste själv betala delar av utställningens kostnader. Medverkans- eller upphovsrättsersättning betalas endast i undantagsfall. Utställningsersättning betalades år 2011 i 32 procent av fallen på eller över MU-avtalets miniminivåer.

Rekos siffror skiljer sig från Kulturrådets senaste rapport (2013) om tillämpningen av MU-avtalet, som visar att 39 procent av institutionerna själva tycker att de följer avtalet. Även om många konsthallar själva uppskattar att de följer avtalet bara genom att betala den upphovsrättsliga ersättningen så räcker det inte. För att följa MU-avtalet måste institutionen betala även medverkandeersättning till konstnären för alla timmar de arbetar med utställningen. Endast 21 procent säger sig betala både utställnings- och medverkansersättning. Många institutioner säger att de inte helt förstår MU-avtalet och därmed blir siffrorna missvisande.

Ett av de mest intressanta resultaten från Rekos rapport är att institutionens storlek inte avgör vilka villkor konstnären får. På www.projektreko.org ligger alla rapporter samt data för de konsthallar och museer som deltagit i kartläggningen. Intressant läsning som rekommenderas att läsa på innan man som konstnär kontaktar en konsthall. Information och kunskap är makt.

Statens konstråd

Statens konstråd förvaltar konsten för alla statliga verk och institutioner, inklusive Sveriges ambassader i utlandet. De samverkar med kommuner, landsting och andra uppdragsgivare i olika projekt såsom stadsutveckling och portfoliovisningar. De upphandlar både konstkonsulter och curatorer, för att hantera inköp och upphandling för offentliga gestaltningar, tillfälliga projekt, stadsutveckling samt skapandet av konstkollektioner, både i Sverige och utomlands. www.statenskonstrad.se

Över en halv miljon svenskar bor utanför landets gränser så ambassaderna blir viktiga kontaktytor för både svenskar och landets invånare. På ett antal ambassader finns kulturattachéer som specifikt jobbar med att lyfta fram svensk kultur. Kulturrådstjänster finns för närvarande vid Sveriges ambassader i Berlin, Istanbul, London, Moskva, Paris, Peking och Washington samt vid Sveriges ständiga representation vid Europeiska unionen i Bryssel. Ansvarig huvudman för kulturråden är Kulturdepartementet. Kulturrådens övergripande uppgift är att främja kulturutbytet med stationeringslandet och stimulera den kulturella dialogen.

De statliga myndigheterna har förstås förändrats, flyttat och organiserats om under årens lopp. Det finns idag färre myndigheter på färre platser än tidigare. Budgeten för Statens konstråd i rena siffror ligger på samma nivå idag som för tio år sen, så naturligtvis räcker pengarna inte lika långt som förr.

Vikten av att hålla kontakten med hela landet, genom resor, nätverk och omvärldsbevakning betonades särskilt av medarbetarna jag pratade med. När konstnärer väljs ut för uppdrag gäller det att hitta rätt konstnär för just det uppdraget. De söker talanger så att helheten speglar bredden och djupet av samtidskonsten med hög kvalitet och verkshöjd. För att säkerställa mångfalden upphandlas både konsult och curatortjänster på två år med möjlig förlängning på ett år till max fyra år i tjänsten. Uppdragen är inte på heltid så konsulten/curatorn kan även utöva sin konstnärsroll med utställningar och uppdrag. Det underlättar omvärldsbevakningen, de är delaktiga i yrket på samma gång. På senare år har det tillkommit två nya områden; tillfälliga projekt och stadsutveckling. En del av uppdragen är permanenta så det blir både rotation och balans på medarbetare och kompetens. En del sitter på kontoret i Stockholm medans andra är spridda runtom i landet.

Konstkollektioner Statens konstråd sammanställer konstkollektioner för statliga verksamheter runt om i Sverige och för utlandsmyndigheterna. De har en stor konstnärlig bredd och innehåller både samtidskonst och äldre verk av främst svenska konstnärer. I miljöer som försäkringskassor, polisstationer, arbetsförmedlingar, FN-huset i New York och på Sveriges ambassader runt om i världen kan många människor i sin vardag möta olika konstnärskap och konstnärliga uttryck.

Varje år kommer det in runt 100 ansökningar från statliga myndigheter för konstkollektioner. Tillsammans med myndigheten diskuterar konstkonsulten var och hur konsten kan placeras och varje kollektion är unikt curerad för just detta tillfälle. Kollektionen är speciellt sammansatt med både nya inköp och urval från konstrådets samlingar och kan bestå av upp till 75 verk. När konstkonsulten gör sina inköp är det för en specifik kollektion. Numera köper de både direkt från konstnärer och via gallerister/konstagenter.

Kollektionerna presenteras på arbetsplatserna via visningar, workshops och program. En viktig del av Statens konstråds roll är att sprida kunskap om konsten via information och publikationer, i tryck och på webben.

För konstkonsulterna och curatorerna är omvärldsbevakningen oerhört viktig. De reser runt, besöker gallerister, ateljéer, konsthallar och museer samt håller sig à jour med sina nätverk. De har kontakt med regionernas konstkonsulenter och konsthögskolorna. Sociala medier och internet spelar en allt mer betydande roll i informationsflödet.

Portfoliovisningar har gjorts på olika platser i landet för att få kännedom om konstnärer och deras uttryck och kompetens. I samverkan med lokala kommuner, regioner och andra uppdragsgivare blir det en bra plattform att möta konsten och konstnären IRL, In Real Life. För att komma på fråga för Statens konstråds inköp behöver man vara yrkesverksam konstnär, det vill säga ha F-skatt samt tillfredsställa kvalitetskraven som en statlig myndighet förväntar sig. Portfoliovisningarna har gett bra resultat. Ett exempel, mellan 2006-2010 har 22 konstnärer fått uppdrag genom visningarna och ett 20-tal köpts in.

Permanent konst Statens konstråd producerar permanenta konstverk för nya byggnader och miljöer för statlig verksamhet, allt från skulptur och rörlig bild till ljudverk och hela fasader. Konstrådet anlitar väletablerade svenska och internationella konstnärer, men även unga konstnärer som tidigare inte har arbetat med konst i offentliga miljöer. Antalet projekt varierar mellan 11-32 per år. Man tar ställning till upphandlingsförfarande vid varje enskilt fall.

Som huvudregel skall Statens konstråds samtliga anskaffningar konkurrensutsättas genom annonsering av uppdragen. Ett undantag (direktupphandling) från detta är om det som skall upphandlas på grund av konstnärliga skäl endast kan fullgöras av en viss konstnär. Undantaget är typiskt sett tillämpligt vid Statens konstråds anskaffningar när kravspecifikationen är snäv och när samrådsgrupp, utifrån specifikationen, granskat och bedömt olika konstnärskap och det, på basis av konstnärliga och estetiska bedömningar endast finns en konstnär som uppfyller kravspecifikationen.

Upphandlingen är en utförlig process, där curatorn börjar med många möten hos myndigheten där verken ska placeras. Stor vikt läggs vid att ta fram en kravspecifikation som beaktar situationen, tar puls på myndighetens själ och hjärta, som både speglar vår tid och har en aura av tidlöshet. Parallellt vaskas lämpliga konstnärer fram i ett samråd där det diskuteras flitigt de olika nivåerna av komplexitet för att få rätt fokus. När väl beslut fattas är det genomtänkt från många olika håll och förankrat. Det är först när kravspecifikationen börjar bli färdig som man kontaktar en eller fler konstnärer eller går ut med en offentlig upphandling.

Inom curatorkåren går åsikterna isär om för- och nackdelar med olika typer av upphandlingar:

”Direktupphandlingen skapar betydligt mer frihet för både konstnären och beställaren att samverka kring utformningen, för att skapa det där ”spraket” då man känner oj vad det här blev bra. Kreativiteten får en chans att flöda fritt och konstnären får utrymme att ta ut svängarna för att skapa det där unika för just den platsen.”

”Tycker inte man kan säga att direktupphandling leder till mer frihet och så vidare, man skulle till exempel kunna hävda att en tävling erbjuder minst lika stor frihet om inte större.”

Tillfälliga projekt Sedan flera decennier har konstnärer sökt sig utanför utställningsrummen för att realisera konstprojekt. Som ingen annan konstform har samtidskonsten därigenom expanderat till nya områden, från film och design till politik och journalistik för att bara nämna några. Idag finns ett stort antal konstnärer vars praktiker på ett naturligt sätt söker sig till olika sorters offentliga rum och frågor om det gemensamma. I de tillfälliga projekten kan Konstrådet tillsammans med konstnärer utforska nya praktiker.

Stadsutveckling Mellan 2010 och 2013 arbetade Konstrådet tillsammans med Riksantikvarieämbetet, Boverket och Arkitektur- och designcentrum i regeringsuppdraget Samverkan om gestaltning av offentliga miljöer. Det handlade om hur gestaltningen av gemensamma miljöer kan stärkas genom samverkan mellan yrkesgrupper och medborgare i planering och byggande. Uppdraget har visat att olika former av konstnärlig kompetens kan erbjuda unika infallsvinklar och nya lösningar i stadsutvecklingsprocesser. 2014 inleder en ny fas där stadsutveckling integreras i kärnverksamheten.

Särskilt fokus på barn och unga Samarbeten som innefattar projekt i barn och ungdomsmiljöer är särskilt viktiga för Statens konstråd och genom information och pedagogik samt workshops, där unga aktivt kan delta i olika processer, fokuseras på frågor och kunskap om konstens betydelse för en attraktiv och spännande samhällsmiljö med de som i framtiden ska forma vårt samhälle.

Som exempel kan nämnas ett nytt pedagogiskt projekt, Grafikprojektet. Konstrådet skänker konst från samlingarna, grafiska blad från perioden 1950-1990, till skolor. Där får konsten nytt liv genom att lärarna skapar kontakt med den grafiska konsten och eleverna förankrat i elevernas verklighet. Pilotprojektet vände sig till 27 skolor i Dalarna och omfattade 225 verk som fick ny inramning. Nästa fas är 250 verk till 12 kommuner där det finns grafiska verkstäder, för att möjligheten till fördjupning ska finnas på nära håll.

Vård av konst Sedan 2004 har Statens konstråd tillsyn över myndigheters vård av statlig konst och fastighetsägares vård av permanent, byggnadsanknuten konst. Staten äger omkring 100 000 offentliga konstverk placerade på drygt 200 myndigheter i Sverige och ett 100-tal utlandsmyndigheter – en samling med höga konstnärliga, kulturhistoriska och ekonomiska värden. Konstrådet kontrollerar och stödjer myndigheterna i arbetet att långsiktigt och professionellt skydda och bevara sitt innehav av statlig konst. De ger även anvisningar och råd till ett 100-tal fastighetsägare kring vård och förvaltning av byggnadsanknuten konst som de beställt av Statens konstråd.

Som yrkeskonstnär är det viktigt att skicka inbjudningar till utställningar, events och projekt till konsulter och curatorer. Förut fanns det ett arkiv där man kunde skicka in sin mapp vart tredje år. Sökbarheten i det fysiska arkivet var begränsad och administrationen var tungrodd. Med dagens teknik är det enkelt att skicka in en uppdatering om sin hemsida. Förvånansvärt många konstnärer missar denna grundsten i yrkesrollen - en hemsida med aktuell information, bilder och kontaktuppgifter.

Jag frågade också om de använder till exempel Bildbanken eller Konstnärscentrums presentationer. Tyvärr är sök- och urvalsmöjligheterna begränsade och det blir otympligt att tröska igenom hela katalogen. De sökkriterier som finns har inte hängt med i konstvärldens utveckling och det är svårt att formulera i ord så att sökningen ger bra resultat. För tjugo år sen var det möjligt att ha full koll på konstvärlden, idag är det betydligt mer komplicerat. Medarbetarna på Statens konstråd förväntas även hålla sig à jour med den internationella konstscenen.

Inköp av lös konst

Att kommuner, landsting och stat köper in konst har vi redan diskuterat. Men så blev jag nyfiken, hur ser policy ut runtom i landet. Varierar den? Hur ska lös konst köpas in? Hur tänker politiker när de sätter agendan för inköp av lös konst? Av naturliga skäl ligger just denna fråga mig varmt om hjärtat. Så jag sökte på nätet...

Region/Landsting

- Inköp ska primärt göras på utställningar, gallerier och konstinstitutioner i regionen för att främja utställningsmöjligheter för konstnärer i regionen. Konsthandläggare inom Regionservice har rätt att köpa in enskilda konstverk till ett värde av 1,5 prisbasbelopp. För inköp över detta belopp krävs beslut i kulturnämnden.
- Inköp av lös konst görs i första hand från etablerade gallerister i länet, men även från aktörer utanför regionen med syfte att ge medborgarna en variation av uttryck.
- Konsten ska vara av genomgående hög kvalitet och skapad av professionella konstnärer. Konsthandläggaren bör sträva efter att minst cirka 25% av inköpen görs av i länet bosatta konstnärer och/eller från länets gallerier eller från i länet arrangerade utställningar.
- Kulturförvaltningens projektledare och anlitad konstkonsult i samråd köper in färdiga verk under projektets gång. Inköpen tar alltid sin utgångspunkt i platsernas och verksamheternas behov. För det mesta ingår också avstämningar med företrädare för personalen i de verksamheter som ska ha konstverken, men formerna för personalens inflytande varierar bland annat beroende på projektets storlek. Vi köper in färdiga verk på utställningar, gallerier och direkt av konstnärer. Både konstenhetens personal och våra upphandlade konstkonsulter har omfattande omvärldsbevakning vad gäller samtidskonst. I Konstnärsbasen kan vi söka bland de över 2 200 konstnärer som finns där idag, med information, bilder och länkar.
- Välkommen att skicka in intresseanmälan avseende konstnärliga gestaltningsuppdrag och inköp. Under närmaste framtiden kommer ett

antal nybyggnadsprojekt att genomföras inom Landstinget. Intresseanmälan ska lämnas i form av en A4-mapp med bilder, CV/kontaktuppgifter och kort presentation av ditt konstnärskap. Vi är intresserade av alla konstnärliga uttryck, även design och konsthantverk. Din intresseanmälan är aktiv under en treårsperiod. Därefter kan en förnyad anmälan göras.

Kommun

- Konstinköpen är också ett stöd för konstverksamheten inom kommunen och konsten ska huvudsakligen köpas in från utställningar i kommunen. Den regionala konstföreningens höstsalong besöks årligen, även när den ligger i andra kommuner.
- Konstinköpskommittén (förtroendevalda) har delegation från kommunstyrelsen att köpa in ”lös konst”. Vid inköp och placering av lös konst bör följande beaktas:
  - konst av professionella konstnärer
  - mångfald - vad gäller olika konstinriktningar, tekniker och motivområden
  - fokus på samtidskonst, som speglar vår tid - nya konstformer, till exempel audiovisuell konst, gatukonst och konst av mer tillfällig natur (performance) ska uppmärksammas
  - beakta det regionala konstutbudet
  - placering av konst ska i första hand göras i miljöer där många människor vistas.
- Inköpen görs av konsthallschefen tillsammans med personalen eller tillsammans med den kommunala verksamhet som är beställare. Alla inköpta verk fotograferas och registreras. Den lösa konsten är flyttbar och består av målningar, teckningar, grafik, textil, fotografi och mindre skulpturer. De flesta av konstverken finns utplacerade inomhus i kommunens olika verksamheter. På konsthallen finns ett mindre lager där kommunens personal kan låna konst till sina verksamheter och till sina arbetsrum.
- Kultur- och teknikförvaltningen ansvarar för alla kommunens konstinköp tillsammans med representanter för övriga förvaltningar i en konstkommitté. Kommunens olika förvaltningar har ej rätt att köpa in konst till sina arbetsplatser, i stället ska man komma med förslag till konstkommittén. Kultur- och teknikförvaltningens konsthandläggare är föredragande i konstkommittén. Konstkommittén beslutar om placering av nyinköpt konst på kommunens institutioner och arbetsplat-

ser. Den inköpta konsten ska vara samtida, representera mångfald och ha hög kvalitet gällande form, teknik, innehåll och symbolvärde. Inköp kan också vara ett konsthantverk. Inköpen görs på utställningar ordnade av gallerier, museum, konsthallar, konstföreningar eller liknande organisation samt genom direktinköp av konstnärer.

- Kulturnämnden har ansvar för konstsamlingen och dess årliga nyförvärv enligt anslag i budget, företrädesvis görs inköp från de av kulturnämnden arrangerade utställningar.
- Förvaltningen har ett årligt investeringsanslag som ska användas för konstinköp. De inköp som görs placeras ut i kommunala miljöer där konst efterfrågas. Inköpen görs från gallerier och konsthallar där yrkesverksamma konstnärer presenteras professionellt.
- Varje inköp av konst ska godkännas av minst fyra ledamöter i kulturnämnden. Kultur- och fritidsnämnden har en budget som ligger på ett årligt anslag om cirka 2 000 euro, men sedan år 2001 tillämpar staden också den så kallade procentprincipen - vilket innebär att man reserverar ungefär en procent av ny- och ombyggnadskostnaden till just konst.
- Stadens budget för konstinköp är 600 000 per år. Konstnären ska vara levande och ställa ut i kommunen. Vi köper bara på gallerier eftersom verksamheten ska gynna konstlivet lokalt. Motiven ska passa in. Det får inte var för våldsamt, politiskt, dystert, erotiskt eller religiöst.

Reflektioner

Som vi kan se är det inte helt enkelt att som konstnär få sina verk framför de som köper in konst. När det gäller kommuner är det vanligast att man behöver ställa ut i kommunen och hoppas de har pengar i budgeten för inköp, och att ens konst faller dem i smaken. Regioner och landsting har ofta en större budget att handla för men de har sällan egna utställningar. Att för det första hitta fram till vem som sitter på pengarna är inte alltid lätt. Fler och fler regioner uppmanar konstnärer att skicka in en portfolio eller anmäla sig till en konstnärsdatabas. Hmmm... 20 regioner/landsting, Statens konstråd, 290 kommuner plus gallerier och konstföreningar... det blir väldigt mycket presentera, presentera, presentera. Tänk om de kunde ha en databas, skulle det inte vara lättare för alla? Kanske spara lite skattepengar så de kan köpa mera konst?

KLYS - Konstnärliga och Litterära Yrkesutövares Samarbetsnämnd

Det är mycket man ska känna till som konstnär. Ytterligare en organisation som företräder våra intressen är KLYS. De fungerar som en paraply- och nätverksorganisation för våra olika fackförbund inom kultursektorn.

"KLYS är de professionella kulturskaparnas samarbetsorganisation, vars främsta syfte är att samordna yrkesverksamma upphovsmäns och utövande konstnärers intressen när det gäller:

- upphovsrätt
- kulturpolitik
- yttrandefrihet och mediepolitik
- skatter
- trygghetssystem
- arbetsmarknad och näring
- skola och utbildning
- internationella samarbeten

Arbetet sker i första hand på nationell nivå, men i och med kulturpolitikens regionalisering och införandet av den så kallade samverkansmodellen arbetar KLYS numera i allt större utsträckning på regional nivå. Förutom nationellt och regionalt arbete verkar KLYS även internationellt i såväl nordiska, europeiska som globala samarbeten och nätverk." www.klys.se

I och med regionbildningarna och fördelningen av statliga kulturpengar till regionerna, så blir de regionala kulturplanerna allt viktigare. KLYS lämnar löpande remissvar på samtliga regionala kulturplaner. Det finns många goda idéer i regionerna, men allmänt ser man att tjänstemän och politiker har svårt att greppa skillnaden mellan yrkesverksamma och hobbyutövare inom de kulturella näringarna, begreppet konstnär omfattar många gånger i stort sett allt och alla. Tack vare KLYS genomlysande kommentarer om planerna i helhet och i relation till varandra så skapas bättre förutsättningar för ett rikt kulturliv, i hela Sverige.

En hel del regioner och landsting har redan hemsidor där de samlat information om konstens aktörer. Här kan man hitta gallerier, konsthallar, konstansvariga, professionella konstnärer och andra resurser som är förknippade med konsten. Det är en mycket positiv utveckling.

Riksutställningar

Jag förundras över hur många som jobbar med konst i vårt lilla land. Ytterligare en aktör är Riksutställningar som har sitt säte i Visby. De samlar ihop all sorts matnyttig information, publicerar tips, bloggar, skickar ut nyhetsbrev, arrangerar workshops, konferenser och utbildningar samt skriver guideböcker som vi kan beställa gratis via nätet.

"**Riksutställningar är en myndighet med uppdraget att främja utveckling och samarbete inom utställningsområdet.**

Riksutställningar stödjer museer och andra utställare med utveckling och samverkan genom att erbjuda kunskap, erfarenheter och nätverk från internationell omvärldsbevakning och analys. Tillsammans med utställare vidareutvecklar vi också teknik och metoder och förmedlar det vi lär oss genom rådgivning, utbildningar och nyhetsbrev. I vår verksamhet ska vi också prioritera barn och ungdomar samt samtidskonstens utveckling och tillgänglighet.

Vi som jobbar på Riksutställningar är ett team specialister inom områden som teknik, media, webb, pedagogik, kommunikation, curatoriell praktik och samtidskonst." www.riksutstallningar.se

Även om mycket de gör är riktat till de som är anställda inom konstsektorn, kan vi konstnärer lära oss mycket av materialet som ligger på Riksutställningars hemsida. De har även ett digitalt nyhetsbrev som kommer med många intressanta artiklar och observationer. I ett tidigare skede skapade Riksutställningar vandrande utställningar som visades på olika museer runt om i landet. Numera är de fokuserade på kunskap och nätverk.

Jubilarens val och andra godsaker

Anställda inom både offentlig och privat verksamhet belönas med förmåner och gåvor. Traditionellt är gåvan en kristallvas eller en guldklocka efter 25 års trogen tjänst. Men det blir allt vanligare att förmåner får tas ut i stället för lön, till exempel bilar, semesterveckor, ögonlaserbehandling, fertilitetsbehandling, pensionsförsäkring och till och med konst.

Ett initiativ som började i Umeå kallas Jubilarens Val, där anställda får välja konst av regionens yrkesverksamma konstnärer som gåva. Landstinget eller kommunen arrangerar utställningarna och bjuder in anställda som får träffa konstnärerna medan de väljer ut sitt konstverk. Jubilarens Val arrangeras i Dalarna, Norrbotten, Västerbotten och Örebro. I Norrköping har kommunen engagerat lokala konstnärer genom utställningen Konst eller Klocka som bygger på samma principer som Jubilarens val. När personalen får välja ett konstverk eller ett konsthantverk från en av traktens professionella bild- och formkonstnärer ökar valfriheten, samtidigt som kommunens konstnärer och småföretagare uppmärksammas och stöds.

Det här är ju en lysande idé, varför finns det inte på fler platser? Det gynnar kulturen, det gynnar de anställda, det gynnar näringslivet, det gynnar trakten, lockar turister samt det visar upp mångfalden och rikedomen i de regionala konstnärernas utbud. Det behöver ju inte begränsas till de offentligt anställda. Varför inte göra Jubilarens val till ett samarbete mellan näringslivsföretag och kommun/region så att alla anställda kan ta del av det professionella konstutbudet.

Förutom Jubilarens Val arrangerar de regionala resurserna även utbyten med andra länder och konstnärer. Allt eftersom de regionala resurscentra byggs upp finns möjligheter för fler utbyten regioner emellan. Det blir lättare att dela med sig av väl fungerande arrangemang. Tack vare nätet är det ju lätt att visa upp konsten och konstnärerna även digitalt, så hela regionen får tillgång till Jubilarens Val, utan att behöva åka till storstaden. Det är förvånansvärt hur sällan större utställningar hamnar utanför residensstaden. När vårt länsmuseum var stängt för ombyggnation hamnade Länssalongen på lilla kommunens museum. Det var mycket uppskattat och välbesökt. Det var det där med levande landsbygd igen...

Presentera, presentera, presentera...

Jag vet inte varför det är så här, men som konstnär är det en outsinlig efterfrågan på presentationer, ansökningar, bilder, referenser, CV, foton, artist statement och så vidare. Det finns ingen standardmall. Ena gången ska CV vara utförlig in i minsta detalj. Nästa gång får det vara max 2 sidor A4. Foton ska vara högupplösta, lågupplösta, med eller utan vattenmärkning. Hur man än vrider och vänder på det får man göra allt från scratch, varenda gång. Det borde som sagt finnas ett enklare sätt genom att skapa databas/nätverk för konsten i Sverige. Men innan vi kommer dit, tänkte jag skriva en hel del om presentation. Det är användbart för både konstnärer och arrangörer.

- hur skapar man en hemsida
- webbshop
- fotografera konst
- lägga ut bilder på nätet
- skriva CV
- nyhetsbrev och maillistor
- sociala medier
- pressmeddelande och media
- artist statement
- ansökningar, utställningar och uppdrag

Jag kan en hel del, men inte allt. Jag delar med mig av det jag lärt mig under årens lopp.

Skapa hemsida

Webben har verkligen förändrat våra liv. Nu är det enkelt att skapa en hemsida. När jag byggde min första sida 2001 var det betydligt krångligare. Jag minns att jag lånade kodböcker för html, webbens språk, på biblioteket och ägnade en hel sommar i hängmattan med att plugga kod. Jag har tröskat mig igenom program som Netscape, Adobe GoLive och Dreamweaver men gick över till Weebly 2012. Innan flytten testade jag nästan all programvara och lösningar som finns för att skapa hemsidor.

Så vad behöver man tänka på innan man väljer leverantör för sin hemsida? Det viktigaste är att välja en lösning som med stor sannolikhet finns kvar i framtiden. Idag är det så krångligt att skapa koden bakom sidorna, för olika datorer, surfplattor och mobiler, att man inte ska ge sig på det själv. Nu finns det ingen anledning att knacka kod, det ingår i alla paketlösningar. De sköter mecket bakom kulisserna. Vem man än väljer behöver de vara stora nog att hänga med i den hisnande utvecklingen. Idag är skapandet av en hemsida inte krångligare än att skapa dokument i Word. Vad man väljer handlar om hur teknisk bevandrad och intresserad man är och vad man ska göra med hemsidan. Ju mer komplicerat ju mer avancerade behöver verktygen vara.

Weebly är en så kallad ’drag and drop’ lösning, dra och släppa låter inte lika roligt på svenska. När Apple lanserade WYSIWYG - what you see is what you get, la de grunden för enkla webblösningar. Det finns andra leverantörer naturligtvis, men om man vill göra det enkelt för sig är Weebly en utmärkt lösning. Det finns en gratisvariant som gör det möjligt att testa innan man bestämmer sig och som fungerar mycket väl för enklare webbpresentationer. För mer avancerade hemsidor finns det olika prisnivåer. Hur man än vrider och vänder på det får man väldigt mycket för pengarna. Verktygen är lätta att förstå och gör det roligt att skapa riktigt snygga presentationer.

Wordpress är ett annat alternativ jag skulle rekommendera. Det är krångligare att lära sig, men det är ett kraftfullt verktyg med många användare och många språk. De flesta hemsidesleverantörerna har Wordpress i sina paket. Då jobbar man via Wordpress.org. Det finns även en Wordpress.com som sköter mer av bakgrundsdetaljerna än om man går via Wordpress.org. Vad man väljer beror på hur mycket man vill pilla med det tekniska. För att få Wordpress att fungera väl behöver man välja en mall/theme. När jag testat gratismallarna på wordpress.org så har jag aldrig lyckats med att få alla plug-ins och uppdateringar att vara synkade med varandra. I långa loppet sparar man mycket genom att köpa en mall eller ett paket som innehåller allt det man behöver. De stora leverantörerna heter Studio Press, Woo Themes och Elegant Themes. Det lönar sig att lägga tid i början innan man sätter igång. Läs på, titta på exempelsidor, kan mallen göra det jag behöver, gillar jag utseendet, förstår jag mig på menyn som de använder.

Domännamnet till hemsidan köper man vanligtvis via webbhotellet, som då också tillhandahåller mallar och allt annat man kan behöva. Weebly har sitt eget webbhotell, så allt ingår i paketet, vill man ha epost via domännamnet, kan man köpa till det. Med Wordpress behöver man även välja webbhotell, som vanligtvis också har epost via domännamnet. Nuförtiden är det inte lika viktigt att ha epost knutet till sitt domännamn. Det finns många bra gratislösningar för epost, till exempel yahoo, hotmail eller gmail. Välj något som du inte behöver ändra. Det går också att använda sitt domännamn för epost via Google Apps, Zoho eller Outlook. Ett webbhotell som är likt Weebly men som kommer med epostadresser är www.webs.com. Jag har själv inte testat det men om det är lika bra som allt annat VistaPrint erbjuder så kan man var lugn.

Det som är allra viktigast på en hemsida är organisation och innehåll. Det ska vara enkelt och lättbegripligt att navigera. Max sju huvudrubriker. Mycket av jobbet med en hemsida ligger i att tänka igenom organisationen. Vilka är besökarna? Vem vänder jag mig till? Var sitter de i världen? Vad kan de vilja veta när de hamnar hos mig? Första sidan behöver klart och tydligt tala om var de hamnat, vad du sysslar med - gärna med både bild och text. Första sidan behöver uppdateras, visa senaste nytt eller något som ändras med tiden. Oftast är det första sidan som blir bokmärke, så viktigt att innehållet inte är för statiskt. Lagom mycket information som får dem att klicka vidare. Jag har svårt för det där, vill gärna berätta allt, och då blir det lätt "information overload".

Min hemsida är mestadels på engelska. Jag vänder mig till en internationell publik och vill nå utanför Sveriges gränser. Med Google Translate behöver man inte översätta allt. Men vissa sidor måste jag ha på svenska, till exempel min CV. Vem är din publik nu, och i framtiden? Vad vill de veta om dig? Att berätta en historia om hur du blev konstnär skapar intresse och gör det enkelt för journalister att skriva om dig.

Organisatoriskt förväntar vi oss att välkomstinformationen ligger först i menyn och kontakt sist. En besökare vill veta om du driver ett legitimt företag, så inkludera adress och företagsinformation. Är du seriös så visa det. Rubrikerna emellan delas upp för innehållet du vill lyfta fram. Hur vi navigerar och läser hemsidor är inte homogent. Mänskligt beteende är inte förutsägbart. Vi har olika sätt att koppla samman punkterna, så vi knappar oss fram enligt våra egna hjärnmönster. Det visar sig att bara hälften förväntar sig att huvudrubriker är klickbara och har information (så fungerar det i datorprogram) och resten hoppar direkt ner till underrubrikerna. En lösning är att lägga en extra länk till huvudinnehållet som underrubrik.

Valet av mall är nog en av de viktigaste. Färg, form och typsnitt ska lyfta fram den du är och vad du har att erbjuda. Texten behöver vara lättläst med lagom kontrast mot bakgrunden. På nätet förväntar vi oss sans serif, typsnitt utan krusidull, men i böcker är vi vana med tvärtom, där till exempel Times Roman är vanligt. Webbläsare, datorer och olika plattor och mobiler har oftast inte alla typsnitt, så på hemsidan är det smart att använda de vanligast förekommande, som till exempel Verdana.

Det skrivs mycket om sökmotoroptimering och hur man trixar Google. Men de är smarta och ser snart igenom trixandet. Innehåll med relevant text och bild gör att besökare stannar kvar. Det lönar sig i långa loppet att fokusera på en bra presentation.

Om du är tekniskt lagd så finns det fler alternativ för att bygga en hemsida. Förutom Wordpress är både Drupal och Joomla väl etablerade CMS, Content Management Systems. Drupal är det mest komplicerade, men om man ska bygga en komplex sida, så kan man göra det från grunden. Joomla används av väldigt många företag, har många bra mallar och extensions, och ser ut att vara mer intuitiv än Wordpress.

Till sist en teknisk detalj som jag nyligen lärt mig och alla webbproffs borde kunna. När man flyttar en sida bör man lägga in en '301 redirect', som talar om för Google att sidan har flyttats. Tyvärr är det många som missar detta enkla verktyg och besökaren möts av brutna länkar och tomma sidor.

Webbshop

Tiderna förändras. Vi är inte längre begränsade till att sälja vår konst lokalt via gallerier och konsthallar. Det är faktiskt både relativt billigt och lätt att skicka konst till all världens hörn. Ja tungt och stort är förstås mer komplicerat, men det går det med. Betallösningar som PayPal gör det enkelt att ta betalt, köpare behöver inte oroa sig för att lämna ut kreditkortsinformation och som säljare vet vi att PayPal är betrodd i hela världen. Inom Sverige är Bankgiro enkelt och säkert, och det ingår ju i alla bankers företagskonto.

Både Weebly och Wordpress har bra e-commerce egenskaper. Med Wordpress lägger man till en plug-in (allt i Wordpress är som en byggsats) till exempel Woo Commerce. I Weebly finns det redan en enkel butikslösning. Men när det gäller konst så säljer man bara ett exemplar. Om man inte säljer reproduktioner förstås. Vi behöver egentligen inte så komplicerade system med inventariekontroll, massbetalningar och mängdrabatt på logistik. Nej, vi säljer ett konstverk i taget.

Efter mycket dividerande och testande fram och tillbaka skapade jag helt enkelt en konstkatalog på min hemsida. Jag valde att dela upp den efter årtalen konsten producerats (eller rättare sagt, signerats, ibland har man ju hållit på några år innan det blir klart). Katalogen inkluderar all konst, även den som är såld. På så vis har jag allt på ett ställe. De som tittar på katalogen är ju inte nödvändigtvis köpare. De kanske är mecenater som vill veta vad jag skapat under årens lopp. De kan vara museichefer som funderar om jag passar in i nästa utställning. Visst kan man skapa separat butik och separat katalog, men varför göra saker flera gånger när en räcker. Katalogen är ju också reklam, den här målningen har någon i Tyskland köpt, eller så ser de att konstnären är väl representerad i kommuner och landsting.

Till att börja med hade jag en knapp för 'köp nu' med omedelbar betalning. Men insåg snart att som köpare vill man nog ha kontakt med konstnären först. Bekräfta att konstverket fortfarande är till salu. Få svar så man vet att pengarna inte bara svischar iväg och sen hör man nada från konstnären. Vi är ju inga välkända butiker, så jag tror det bygger förtroende att ha ett beställningsformulär. De behöver inte betala vid första kontakten. Med både Weebly och Wordpress är det enkelt att bygga formulär. Då kan de också passa på att få igång en dialog, jag märker att folk i allmänhet är nyfikna på konstnärer och vårt skapande.

När beställningen kommer in bekräftar jag med faktura, de kan välja att betala via PayPal eller Bankgiro, i amerikanska dollar eller svenska kronor. Det beror ju på var man ska skicka konsten, är det bara inom Sverige så räcker det med Bankgiro och svenska kronor. Å andra sidan finns det över en halv miljon svenskar i utlandet. Världen har förändrats och internet hjälper till att sudda ut gränser. Konstverket skickar jag inte förrän betalning kommit in. Postförskott är en annan möjlighet som kan kännas tryggt för alla parter.

Jag tar inte emot betalningar via check. Om du öppnar webbshop kommer du förr eller senare få en förfrågan på dålig engelska från någon som vill köpa konst men insisterar att de måste betala via check. Ursäkterna är många varför de inte kan använda sig av de vanliga kanalerna. Checken kommer men på annat belopp och de ber dig skicka tillbaka ”misstaget”. Det ser ju ut som pengarna finns på ditt konto, men det tar lång tid innan checken gått helt igenom systemet, och vid det laget har dina pengar försvunnit och checken du fått visar sig vara ogiltig. En sökning på ’check scams’ visar många fler sätt att bli lurad.

I katalogen visar jag bild på konstverken med namn, mått i cm och tum, pris i dollar och svenska kronor. Allt ingår i priset, frakt och moms. Alla villkor står klart och tydligt på beställningssidan. Det ska vara enkelt att handla. Vi har väl alla varit inne på webb-butiker där frakt och andra kostnader gör processen krånglig och frustrerande. Är paketen inte alltför stora fungerar Posten utmärkt, med spårbar leverans. Ska det utanför EU krävs tulldeklaration. Då är det dags att läsa på KRO:s skrift Konst på Export. Resurser finns det gott om, det gäller bara att hitta dem. Tänk på att paketera väl... om du någonsin observerat bagagehantering på en flygplats förstår du vad jag menar. Jag samlar wellpapp i förrådet, sparar kartonger, använder rejäl packtejp, brunt omslagspapper till första lagret, ibland frigolit, ibland bubbelplast som extra skydd sen wellpapp, ibland mer än ett lager. Konsten ska vara väl skyddad hela vägen fram.

Bilder på nätet avhandlas i ett kommande kapitel.

Fotografera konst

Det finns lika många goda råd som det finns fotografer. Att fotografera konst är en konst. Åsikterna går isär om hur man bäst ska gå tillväga och hur avancerade verktyg man måste ha för att få till det. En enormt stor fördel med konst är att den står stilla. Vi är inte beroende av att fota den på språng. Vi kan invänta rätt ljus. Vi kan justera och justera tills alla inställningar blir rätt. Konstverket blir ju inte trött av alla omtagningar, den bara är, här och nu. Det är nog fotografens tålamod som är avgörande hur många retakes det blir.

Jag har testat, jag har sökt och läst, jag har lyssnat. Det här är vad jag kommit fram till.

Det första man bör tänka igenom är hur man ska använda bilderna. Om du har planer på att förstora upp dem till enorma affischer och canvastavlor behöver du väldigt många pixlar och en systemkamera med mycket hög upplösning. Men om du ska använda bilderna till din hemsida, broschyrer, vykort, kataloger och utställningsaffischer räcker en vanlig digitalkamera med runt 12 megapixlar. Även om dagens telefoner har bra kameror är de sällan tillräckligt inställningsbara för att få till de bästa bilderna.

Fotografera inomhus. Helst i ett rum eller korridor med indirekt ljus från söder. Rensa ytorna runt omkring, det blir lätt skuggor i bilder. Jag fotograferar helst när solen skiner utanför eller när det är lite moln. Det ger ett bra indirekt ljus. Skaffa stativ, det finns billiga att köpa. Använd timer när du fotar, jag ställer in 2 sekunder. Om din kamera har antiskak-funktion, sätt på den. Det är lite pill att hänga konsten och ställa in stativet så kameran har rätt höjd och avstånd. De senaste åren har jag blivit mer organiserad, jag avslutar årets kollektion med att signera och spänna upp det som känns färdigt, sen fotar jag hela kollektionen i ett svep. Fördelen med detta är att man kan gruppera storlekar och långa eller höga konstverk så slipper man justera stativet stup i kvarten. Jag har upptäckt att det är bäst att zooma in en bit, alltså inte ha kameran för nära det man ska fotografera. Utan zoom får man distorsion i bilden, rent tekniskt beror det på att linsen är rund.

Ställ in kameran på max pixlar. Det blir färre bilder, men det är alltid bäst att börja med högsta upplösningen. Att sen plocka ut och exportera lägre upplösningar är enkelt, det kommer i nästa kapitel. Välj absolut lägsta ISO som din kamera tillåter. Vid högre ISO kan man fotografera i sämre ljus, men bilden blir grynig, så inte att rekommendera för konst. Undvik alla automatinställningar, för de är inte optimerade för det vi vill göra. Stäng av blixt, det ger fel ljus.

En ytterligare inställning som jag pillar med är exposure compensation. Ibland blir bilden för mörk, ibland för ljus. För mig är det enklare att justera i kameran och ta om och slänga bort tills jag fått det rätt. I kameran kan man zooma upp den tagna bilden, då ser man om färger och skärpa ser bra ut, om signaturen är skarp och läsbar. Jag jämför bilden i kameran med konstverket jag har framför mig. Har den fångat konsten som jag ser den?

Skapa och skicka bilder

Vad gör man efter man fotograferat konsten? Måste man köpa dyra redigeringsprogram som Photoshop? Nej det tycker inte jag. Nu ska jag berätta hur jag gör.

Eftersom vi inväntat rätt ljus och justerat tills bilden blivit rätt i våra ögon, så är vi nästan klara. Nästa steg är att plocka in bilderna i datorn. Med min kamera kom ett program som heter Image Capture, mycket enkelt att använda. Antingen finns det program redan i din dator eller via din kamera. Hur som helst, när vi importerar bilder, vanligtvis via USB kabel, kan vi välja vilken mapp de ska hamna i. Många datorer har egna idéer om var de ska lägga bilder, jag är av annan åsikt, jag vill ha alla mappar under dokument. Jag skapar separata mappar för konstbilder, original och exporterade. Hur du organiserar är ju beroende på hur din hjärna fungerar, vad är logiskt för dig? Viktigast är att man har koll på var importen hamnar, så man lätt kan hitta igen bilderna.

Även om jag har Mac, har jag aldrig blivit riktig vän med iPhoto. Jag använder Picasa, det är gratis att ladda ner från nätet. Det finns många fotoprogram, det mest avancerade är förstår Photoshop. Men har vi gjort grundjobbet under fotograferingen, så återstår bara två saker. Räta upp bilden och skär ut den. Det klarar alla program lätt som en plätt.

Behöver skärpan justeras? Har du tagit en bra bild till att börja med så är det bättre att låta den vara. När jag jobbade för Scott Paper Company och vi skulle trycka nya designs på förpackningarna, ville tryckeriet ofta skärpa upp bilden. Men vårt koncept var lite mer soft, lite mer mjukt och då ska skärpan vara därefter. Konst på bild ska ge samma intryck som när man ser konstverket IRL (In Real Life) och då är superskärpa inte automatiskt en bra sak.

Behöver färgerna justeras? Igen, om vi gjort jobbet vid fotograferingen, så är det redan klart. Om du vill jobba med färg i datorn behöver du först kalibrera skärmen. Förr var Mac optimerad för grafik, färgprofilen var inställd att återge rätt färger så det vi såg på skärmen var vad som kom tillbaka från tryckeriet. Numera har både PC och Mac samma färgprofiler, inställda för film och webb. Så om vi ska jobba med tryck, måste skärmen kalibreras.

När jag plockar in bilder i datorn brukar jag radera dem från kameran. I Picasa väljer jag ut den bild som blev bäst av varje verk, rätar upp den (straighten) och skär ut (crop). Picasa redigerar aldrig grundbilden, så den finns alltid kvar. Så är inte fallet med alla program, då måste man se till att spara grundbilden separat från redigeringar, annars riskerar man att förlora originalet. Härnäst lägger jag in rubrik, till exempel Explorer C338 70x95cm 27.5x37.5" ©2014 Eva Dillner. Jag ger ju inte alltid min konst namn, men identifierar varje verk med bokstav och tre siffror, så jag kan hålla rätt på dem. Varför är det viktigt att skriva rubrik? Jo därför att den följer med bilden, så oavsett var den sen hamnar, är den alltid identifierad som din bild. Om någon annan än du själv tagit bilden ska fotografen också namnges. De har upphovsrätten till själva fotografiet. Rubriken bör innehålla:

- konstverkets namn
- konstverkets dimensioner
- copyright och/eller © årtal
- ditt namn

För att sedan spara ner dina bilder är det bäst att använda funktionen 'Export' i stället för 'Spara som'. Med export har du full kontroll, med spara som väljer många program att rastra ner bilden till 85% och vi vet inte heller vad mer den gör med innehållet. Innan vi sen skickar bilder vidare är det smart att ge filerna namn, ungefär som vi gjort med rubrikerna ovan. Till exempel ExplorerC338EvaDillner2014.jpg.

Man kan också lägga på text på varje bild, med samma innehåll som rubriken. Då ligger identifikationen synlig oavsett var bilden hamnar. Jag märker att rubriken inte alltid visas, det beror på hur webbsidan konfigurerat bildvisning.

För bilder som ska användas i tryck vill vi ha högsta möjliga upplösning, då väljer man export, och ställer in allt på max. Många gånger behöver vi mellanstora bilder för ansökningar, ett bra format är att exportera med 1600 pixlar, behåll kvalitet, och vattenmärk filen.

Vad är då vattenmärkning? Jo det är en text som blir del av bilden. Så oavsett var den hamnar, står det klart och tydligt var bilden kom ifrån. I de flesta fotoredigeringsprogram kommer vattenmärkningsmenyn vid export. Jag rekommenderar © ditt namn och hemsideadress som vattenmärkning.

Jag använder således © Eva Dillner www.evadillner.com. Det finns appar för mobiltelefoner, för iPhone fungerar iWatermark riktigt bra.

Om bilderna ska användas på nätet räcker 800 pixlar och man kan gå ner lite i kvalitet för att minska ner filstorleken. På nätet räcker 72 dpi (dots per inch), för tryck är 300 dpi det vanligaste. Dina konstbilder bör helst läggas ut på din egen hemsida, sen kan du länka till dem från till exempel nyhetsbrev och sociala medier. Om någon annan vill lägga ut bilder på dina verk har du upphovsrätten och de måste alltid ha ditt tillstånd och betala upphovsrättslig ersättning om inte annat överenskommits.

Jag undviker att lägga ut mina konstbilder på Facebook och Google, även Picasa på nätet undviker jag numera. Om man läser det finstilta så har de fritt fram att använda allt material som vi lägger ut. Det betyder ju inte att de har upphovsrätten, den har vi alltid kvar, men genom att lägga upp bilderna på deras sidor så kan de använda dem rätt fritt. Så jag har som princip att mina bilder ska ligga på min hemsida, jag kan ju alltid länka till dem från mitt Facebook-konto.

När jag skickar bilder via epost, skickar jag lägre upplösning och vattenmärkt. Jag vattenmärker numera även bilder som skickas med ansökningar. Så här kan man skriva när man skickar text och bild inför en utställning:

”Här kommer text och två bilder. Den ena är högupplöst för vernissagekort, affisch och program. Den andra är vattenmärkt och lågupplöst för publicering på kommunens och konstföreningens hemsidor. Publicering av mina konstbilder på sociala medier är inte tillåtet.”

Då är det klart och tydligt och man slipper missförstånd.

En bra resurs för att leta rätt på var bilder kommer ifrån, eller var de hamnat är TinEye Reverse Image Search på www.tineye.com. Man kan söka genom att ladda upp en bild eller länk till bilden. Fantastiskt vilka verktyg det finns!

Nyhetsbrev och maillistor

Jag fortsätter med det tekniska. Som konstnärer vill vi ju berätta om våra framgångar, om våra utställningar, om upphandlingar och utsmyckningar, om större inköp, stipendier och resor, om reportage i media, ja orsakerna är många att skicka ut nyheter via epost. Alla organisationer som sysslar med konst skickar ju också ut nyhetsbrev. Nu ska jag berätta hur du kan göra detta på enklaste sätt. Det enda som kräver lite extra arbete är själva strukturen, men sen sker det mesta på automatik.

Vi kan börja med själva maillistan. Jag rekommenderar MailChimp. Det är gratis om du har färre än 2 000 prenumeranter och då får du skicka upp till 12 000 mail per månad. Genom att använda en välkänd leverantör signalerar du ännu en gång att du är seriös, och slipper få dina utskick passerade till skräpkorgen. Att skapa ett MailChimp-konto är lätt. Om du redan har en maillista finns det ett antal sätt att importera den. Man kan antingen ha flera olika listor för olika grupper, de kan också delas in i segment.

Nästa steg är att lägga ut en prenumerationsruta på din hemsida. Klicka på listan, leta rätt på rubriken Sign Up Forms, och välj Embedded Forms. Eftersom många hemsidor har egen kod för utseende behöver man testa vilket alternativ fungerar bäst. I vänsterspalten klickar man på hur mycket man vill fånga upp i prenumerationsstadiet och ser till höger hur det ser ut. Ta med Include archive link, då kan presumtiva prenumeranter se vad du skickat tidigare. När formuläret set bra ut är det bara att lägga ut koden på din hemsida. Du lägger in den som html-kod. Testa att det ser bra ut och att det fungerar.

Absolut enklaste sättet att skapa dina nyhetsbrev är via blogginlägg. En blogg, eller flera, är numera standard på hemsidor. Om du skriver nyheterna på bloggen så hamnar de först och främst på din hemsida, du blir mer synlig. Därifrån kan man välja att prenumerera via RSS i så kallade Readers. Men det finns en ännu bättre vits med att skriva nyheter på en blogg. Det går att skapa automatiska epostutskick från RSS flödet från en blogg. För att trimma det tekniska, när du publicerar ett blogginlägg, fångar MailChimp upp det och skickar ut det som ett nyhetsbrev till din maillista. Du behöver inte göra ett smack mer än att skriva på bloggen. Förutom publicering via epost, kan du formatera att det går till dina Facebook och Twitter konton, så med ett litet knapptryck når du hela världen.

Det är lite pill med att formatera en MailChimp Campaign, men om du bara följer instruktionerna steg för steg så går det hyfsat enkelt. Varje gång du publicerar nyheter eller uppdaterar din blogg, skickar MailChimp en ny Campaign, det vill säga ditt nyhetsbrev. Enklare än så kan det knappast bli.

Sociala medier

Jag anar att om bara några år kommer kartan vara helt omritad när det gäller sociala medier. Det som började som nätverk för endast collegeungdomar i USA, används nu av helt andra grupper. Facebook har blivit de vuxnas sfär som vi använder för att hålla kontakten med vänner, men framförallt för att vara uppdaterade med våra organisationer. Som många andra har jag en komplicerad relation till sociala medier, det blir lätt hat-kärlek. De som står bakom de sociala sajterna vill ju samla så mycket information som möjligt om oss och våra beteenden, så de kan tjäna pengar på annonser och riktad reklam. De vill fritt använda våra bilder, inte för att vi säger upp upphovsrätten, men har vi publicerat en bild på Google+ eller Facebook, kan den dyka upp i stort sett var som helst. Förr orkade man väl tröska igenom User Agreement, men uppriktigt sagt, vem orkar göra det varenda gång man uppdaterar nuförtiden.

Men, man bör vara sparsam med bilder på nätet utanför den egna hemsidan, speciellt på sociala medier. Vattenmärk, rastra ner filstorleken och var beredd på att bilden svischar iväg ut i etern. Om jag vill visa en konstbild, är det enkelt att länka till den på min hemsida, då ligger bilden kvar hos mig och inte på Facebook.

Det finns ju en hel del positivt med de sociala medierna. Det är ett lätt sätt att kommunicera, både med statusuppdateringar och privata meddelanden. Nyligen skapade jag tillsammans med en liten grupp konstnärer ett helt utställningskoncept via gruppmailen på Facebook, utan att ha träffats IRL (In Real Life) en enda gång. Det har blivit jättebra och det är så lätt att samverka, samtidigt som hela tråden med allas inlägg ligger på ett och samma ställe.

På Facebook är det lätt att hålla sig à jour med senaste nytt från alla konstorganisationer. För mig är det nog en av de största anledningarna att jag är med. Jag har också testat Twitter, men kände att det blev för mycket att vara på alla ställen... så jag komprimerade ner min webbprofil till det som jag kände fungerade bäst. Google+ försöker komma ikapp i nätverkande på webben, men det är nog svårt att locka nya användare med allt för likartade tjänster.

Nätverket Linked-In har jag varit med i nästan från början, då jag blev inbjuden av en före detta kollega, som förstår det här med nätverk så väl att hon skrev boken Conversation on Networking. Linked-In skapades för att lättare skapa kontakter i karriären och är idag en viktig kanal för de som söker nya jobb och anställningar. Om det ger så mycket för konstnärer är svårt att säga, men ju fler som känner till att du är professionell konstnär, ju bättre. En profil på Linked-In är säkert lika viktig som en profil på Facebook, och lättare att hålla professionell. Det är ju lite av problemet på Fejan, att allt blandas på ett ställe. Jag har testat Facebook Pages, som egentligen ska vara rätta kanalen för professionella och företag. Oavsett hur jag döpt dem, med företagsnamn eller konstnärsnamn, har jag aldrig lyckats få så många följare som jag får på min personliga profil. Förklaringen kanske är så enkel att man hellre vill vara vän än fan.

Hyra av konstverk

Eftersom skattereglerna inte gynnar inköp av konst för företag, hänvisas vi i Sverige till att hyra ut vår konst, för då är det nämligen avdragsgillt. Det är inte lätt som konstnär att knacka dörr och sälja in konceptet. Riktlinjerna för uthyrning av konst hittar vi på KRO:s hemsida:

Hyra av konstverk

Ersättning för hyra av konstverk bör vara minst 20 % av verkets försäkringsvärde per år dock lägst 1 000 kr per verk oavsett hyresperiod. Vid utställningar som omfattas av MU-avtalet gäller istället MU-avtalets tariff.

Så hur fungerar det i verkligheten? Det finns ett fåtal konstnärer som erbjuder tjänsten via sina hemsidor. En del konstnärsgrupper har gått samman för att ge mer variation i utbudet och underlätta det administrativa. Merparten av uthyrarna hittar vi bland gallerister som marknadsför uthyrningen som konstutställning på arbetsplats. Oftast handlar det om galleriets egen konstsamling som är tillgänglig för uthyrning. Hur många av dessa betalar upphovsrättslig ersättning till själva konstnären? För alla verk som ingår i kataloger och visas på nätet för presumtiva företagskunder är konstnären och deras arvingar berättigade upphovsrättslig ersättning enligt BUS tariffer. När jag sökte på nätet hittade jag till och med en grupp investerare som hyr ut sina samlingsobjekt. Men igen undrar jag om konstnären får något av inkomsterna, om de överhuvudtaget blir kompenserade för att deras verk förekommer i hyrföretagets marknadsföring. För upphovsrätten till bilder ligger ju fortfarande hos konstnären eller dess arvingar.

Det finns ett företag verksamt i flera Europeiska länder som hyr ut konst från ett stall av konstnärer. Konceptet är tio verk som byts max 6 gånger per år, för det betalar kunderna 200 euro i månaden till hyrföretaget. Den enda ersättningen som konstnären möjligtvis får ut är om ett verk säljs, men då tar hyrföretaget dessutom 20-30% i provision. Med tanke på att verken slits hårt när de vistas i offentliga miljöer är det när man tänker efter kanske inte så gynnsamt för konstnären. Risken att konstverken blir skadade eller så hårt åtgångna att de tappar sitt värde är stort. Till och med att de helt enkelt inte går att sälja efter att ha valsat runt på en massa företag. Konstnären förväntas skicka på egen bekostnad 11 verk, ett extra om något skulle säljas. Det säger ju att försäljning inte är speciellt sannolikt. Vem tjänar på detta? Hyrföretaget förstås. Men konstnären som bidrar med själva kärnan till deras verksamhet, har än en gång fått "en chans att visa upp sig" som förmodligen inte ger så mycket mer därefter. I länder där företag och privatpersoner köper konst är detta koncept förmodligen lite mer intressant än i Sverige, där den marknaden är så försvinnande liten.

Så vad kan vi göra? Ett säkert sätt att vara attraktiv för presumtiva hyrkunder är att gå samman. Vi samlar samtida professionella konstnärer under ett tak. Då kan vi vara säkra på att hyran tillkommer oss, vi som skapat verken. Men vem kan bäst sköta detta? Entreprenöriska konstnärer? Någon av våra konstorganisationer? Kan detta vara ett innovativt projekt att nyttja kulturpengar? Det är samhällsnyttigt att ha utställningar på företag. Näringslivsbolagen i kommunerna vore en självklar målgrupp för att nå ut till alla företag. Hur skulle det vara om regionernas konstkonsulenter och konsulter skötte det administrativa och vi konstnärer stod för det kreativa. Det vore väl något?

I och med att MU-avtalet blir branschpraxis är det läge att skifta pitchen från hyra av konstverk till utställning på företag. Redan nu använder gallerister och uthyrare oftast begreppet utställning på arbetsplats och då är det självklart att vi ska ha betalt både medverkans och utställningsersättning när vi står för konsten på väggarna till kontoret. Men om verken redan är sålda till en samlare som sen arrangerar utställningarna så tar de hela förtjänsten. Däremot om de säljer verken vidare så kickar följerätten in. Då får vi ju i alla fall en liten del av kakan.

Om vi konstnärer tillsammans erbjuder utställningar på företag kan vi skapa ett mervärde genom att erbjuda konstnärssamtal, föredrag, café, action painting - naturligtvis jobbar vi inte gratis - men de får en chans att träffa nu levande professionella konstnärer och få en inblick i konstens och skapandets värld. Vi kan bidra till en mer kreativ arbetsplats både genom oss själva och konsten.

Support Living Artists. - The dead ones don't need it.

Stöd de samtida konstnärerna. - De döda har inget behov av det.

Tänk om alla konstälskare och samlare gynnade nu levande konstnärer...

CV - Konstnärspresentation - Artist Statement

Att presentera sig är en återkommande aktivitet som konstnär. Olika uppdrag kräver olika upplägg. Ibland ska CV vara så detaljerad som möjligt, ibland får den bara vara en eller två A4-sidor. Ibland vill de ha konstnärspresentationen i sammanfattande text och bild separat från en lång CV. Ansökningar på nätet begränsar ofta antalet ord eller tecken, har man tur ligger räknaren i rutan, annars har man många frustrerande omgångar innan man är överens om begreppet 300 ord. Ibland är en berättelse ett bättre verktyg att förmedla sitt konstnärskap, som uppskattas speciellt av journalister. De vill ha en story, medans administratörer i byråkratiska korridorer oftast föredrar den långa CV:n. Så vi börjar där.

CV står för curriculum vitae som på latin betyder "levnadsbeskrivning". I ditt CV ska du redovisa och beskriva dina erfarenheter, kunskaper och personliga egenskaper som du vill framhålla. Eftersom konstnärliga uppdrag inom Sverige ofta kräver en utförlig CV ligger en mycket detaljerad version på min hemsida som grund. Om jag behöver korta ner den har jag alla uppgifter till hands. Jag ser till att hålla den uppdaterad. Antingen kan jag skicka den som länk i ett mail, eller så kan jag spara ner den som pdf och skriva ut eller bifoga min ansökan.

Beroende på var din styrka ligger, så ordnar du informationen därefter. Det som imponerar mest eller är viktigt att etablera tidigt ska komma först.

CV för en konstnär

- Introduktion, en sammanfattande kort text, som på några rader berättar vem du är
- Medlemskap i konstorganisationer
- Utbildningar och kurser, alternativt utbildningar och erfarenhet
- Representerad
- Offentliga utsmyckningar

- Utställningar
- Publikationer
- Artist Statement
- Information som kan vara relevant för presumtiva uppdragsgivare
- Person och kontaktuppgifter

I början av karriären gör man allt för att fylla ut de meriter man har. Efter ett långt yrkesliv kan det vara svårt att skapa en bra CV när uppmaningen är att ta med allt. Anledningen att man uppmanas ta med detaljerna vid utställningar och uppdrag är att det säger en hel del om vem, vad och hur. Det ger mer kött på benen än om man bara raddar upp ett antal namn på konsthallar. Det är inte heller helt fel från ett webbperspektiv, man får fler träffar när ens CV innehåller detaljer.

Söker man på nätet hittar man många bra texter om hur man kan sätta ihop sin CV. Titta på hur andra konstnärer har löst CV-gåtan, speciellt de som är verksamma inom samma sfär som du själv. Ta sikte på någon som är väl etablerad med tunga meriter. Hur beskriver de sina meriter? Hur lyfter de fram sina starka sidor? Vad är det i deras CV som fångar din uppmärksamhet? Hur lyckas de förmedla kvalificerad kompetens? Använd deras CV som inspiration, men kom ihåg att använda dina egna ord. I ett tidigare kapitel pratade jag om vuxenpoäng i konstvärlden. De där poängen utgör grundstommen i din CV. Nedan beskriver jag de olika beståndsdelarna i en CV:

Introduktion

En kort beskrivande text som berättar vem du är - det som på engelska kallas *30 second sound byte*. Kort och koncist så att läsaren blir intresserad av att gå vidare.

Artist Statement

En del kallar det konstnärens manifest. Varför skapar du? Vad handlar just ditt konstnärskap om? Vad vill du förmedla? Var finns din passion? Låt din personlighet lysa igenom, det skapar intresse för din konst och ditt konstnärskap. Här finner vi också oftast den personliga texten som nästan alltid börjar med var och när man föddes, var man växte upp, gick i skolan och hittade fram till konstnärsstigen.

Medlem

En enkel punktlista med organisationerna du är medlem i, till exempel.

- KRO, Konstnärernas Riksorganisation. Jurerat inval.
- BUS, Bildkonst Upphovsrätt i Sverige
- KC Väst, Konstnärscentrum Väst

Representerad

Många konstnärer väljer att helt enkelt lista alla inköp av kommuner, stat och landsting som Inköpt av... På den långa CV:n kan man också ta med motivationen till inköpen. Företag vill inte nödvändigtvis profileras med namn, då kan man i stället skriva inköpt av företag i... Privatpersoner listas inte, men har man en betydande representation i privata samlingar kan man skriva: Privata samlingar i USA, England, Tyskland, Turkiet, Belgien, Norge och Sverige.

Offentliga utsmyckningar

Det blir mycket listor i en CV. Förutom att lista var man har utsmyckningar är det bra att berätta vad utsmyckningen består av, hur den kom till och tanken bakom. Om man vunnit en tävling eller fått uppdraget via offentlig upphandling kan också vara intressant att ta med, likaså om man blivit tillfrågad och fått uppdraget direkt.

Utställningar

Hur man organiserar sina utställningar är en smaksak. En del föredrar att göra olika listor för separatutställningar, samlingsutställningar och jurybedömda utställningar. Andra delar upp det årsvis. På den detaljerade CV:n tar man med inte bara konsthallens namn och plats, men också tema, urval, deltagare och speciella omständigheter och invigningar.

Utbildningar och erfarenhet/ kurser

Högskoleexamen och diplomerade utbildningar är ju rätt enkla att lista. Men ibland samlar man på sig en stor mängd fristående kurser, som då bättre beskrivs i en sammanfattande text, med övergripande information om var och när. Hur dessa kurser relaterar till ditt konstnärskap kan vara bra att förtydliga. På den långa CV:n hamnar ju även allt annat man sysslat med i livet.

Information som kan vara relevant för presumtiva uppdragsgivare

- Stipendier

- Artist in Residence
- Publikationer
- Om ditt företag
- Kommentarer, utdrag ur gästbok
- Utställningsteman
- Om själva skapandet: material, var och hur, teknik, storlekar
- Bilder: personbild, ett eller två konstverk samt gärna en i skapande stund

Personuppgifter

- de sedvanliga kontaktuppgifterna samt visitkort

Efter epistlar kommer få ord

Ibland måste man komprimera ner allt till väldigt få ord. Då gäller det att plocka fram det väsentliga, ta bort onödiga ord men ändå inte förlora innehållet. Det är pilligt men till sist brukar man få till det. Här kommer ett exempel:

Presentation i 100 ord

Internationellt yrkesverksam konstnär och författare som specialiserat sig på kreativa och terapeutiska processer för inspiration och transformation. Medlem i KRO, BUS, KC. Representerad i privata och offentliga samlingar i Indien, USA, England, Tyskland, Turkiet, Belgien, Norge och Sverige. Eva Dillner låter intuitionen, eller känslan, styra måleriet – som en upptäcktsfärd, spännande att se vad som vill växa fram på duken genom att låta processen ta över, bortom de begränsade tankarna. Eva har bott större delen av sitt liv utomlands, 30 år i USA och 2 år i Frankrike.

Att vara konstnär kräver också sin författare... att presentera sig i ord när man egentligen är bäst på bild, varför är det så?

Yrkeskonstnär, fritidskonstnär eller hobbykonstnär

Konstnärsyrket genomsyras av många ord och luddiga begrepp. Vi använder termer som professionell, amatör, hobby, verksam, yrkesverksam, utbildad, autodidakt, F-skatt, moms, högskola, likvärdig erfarenhet, likvärdig utbildning, stipendier, inköp, representerad, utställningar, utsmyckning och så vidare för att sortera på än det ena än det andra viset. I den saliga röran blir lätt alla konstnärer. Jag har berört det här tidigare, att vi blandar ihop begreppen och därmed skapar otydlighet och krångel. Om konstvärlden bara vore privata pengar skulle det här inte spela någon roll, det skulle vara totalt ointressant att föra diskussionen på tal. Men nu är Sveriges konst finansierad till stor del av offentliga pengar. MU-avtalet som branschpraxis skapar helt nya skiljelinjer. Innan konstnärerna fick betalt för att ställa ut spelade det kanske inte så stor roll om konstnären var yrkeskonstnär eller inte. Å andra sidan har konstföreningar och konsthallar alltid varit beroende av skattepengar för sina verksamheter. Konstföreningarnas utställningsersättning kommer från staten via Kulturrådet. Via kommunens, landstingets eller statens budget betalar offentliga konsthallar, gallerier och museer konstnärer medverkans- och utställningsersättning, MU. Det kanske helt enkelt är dags att ta en ny titt på definitionen konstnär.

I samverkan med andra konstnärer ser jag tydligt att synsättet på ens konstnärskap är en av de starkaste skiljelinjerna, oavsett utbildnings- eller erfarenhetsnivå. En konstnär som inte har annan försörjning jobbar på ett helt annat sätt än en konstnär med fast jobb. En konstnär som vill vara konstnär på heltid förhåller sig till möjligheter och villkor på ett annat sätt en någon som aldrig tänker lämna den trygga anställningen. Jag har funderat länge och väl och föreslår tre enkla kategorier av konstnärskap:

- Hobbykonstnär
- Fritidskonstnär
- Yrkeskonstnär

Så vad skiljer dessa åt? Här spelar intentionen, eller syftet, en stor roll. Vad vill man med sitt konstnärskap? Har man fast anställning på mer än 50%

blir konstnärsskapet en bisyssla, även om man driver företag. Erfarenhet, utbildning och verkshöjd är andra betydande skiljelinjer. Allt eftersom vi utvecklas och förändras skiftar också den kategori vi tillhör.

Hobbykonstnären skapar för skapandets skull, men har inte ambitionen att tjäna pengar, bli berömd eller jobba med konst på heltid. Det är helt enkelt en hobby. Ibland är det den sociala gemenskapen som är drivande, ett roligt sätt att träffa likasinnade och skapa tillsammans. Ibland är det egentiden som är det viktiga, att få vara med sig själv utan annat som pockar på.

Fritidskonstnären kallar sig konstnär men har ett fast jobb eller ett annat yrke som den huvudsakliga sysselsättningen. Konstnärskapet är en bisyssla. En del fritidskonstnärer är registrerade för F-skatt, de har gått konstnärliga högskoleutbildningar, men viljan att jobba som konstnär på heltid finns inte. De betalar för hyrgallerier, de har ju råd och accepterar villkor som inte är skäliga eftersom de ändå har sin försörjning på annat håll. Även om de är med i KRO, KIF och andra fackorganisationer är det få som brytt sig om att sätta sig in i MU-avtalet och andra yrkesersättningar. Deras synsätt, attityd och intention kommer från ett fritidsperspektiv. Utövare inom denna kategori driver sällan de yrkesverksamma konstnärernas frågor, de drar i stället åt andra hållet.

Yrkeskonstnären är högskoleutbildad eller autodidakt med likvärdig kunskap och erfarenhet. Oftast ansluten till KRO eller annan fackorganisation, men inte nödvändigtvis. De uppfyller kraven för inträde däremot. Yrkeskonstnären har företag och är registrerad för F-skatt och moms. Intentionen och ambitionen är att vara konstnär på riktigt. Även om de tvingas jobba extra i vården eller på posten för att få ihop det, så är viljan där att vara konstnär på heltid. De bryr sig om MU-avtal, 1% regeln, offentliga upphandlingar och upphovsrättsliga ersättningar. De prissätter sin konst och sin tid så att de kan leva på den. De söker uppdrag och stånkar sig igenom ansökningar som skulle få den mest härdade av byråkrater att blekna. De satsar sin energi på både skapandet och yrket.

Som vi kan se är det inte utbildningsgrad eller erfarenhet som styr uppdelningen. Det är konstnärens eget synsätt och attityd som definierar om man är hobbykonstnär, fritidskonstnär eller yrkeskonstnär. Gemensamt har vi ju glädjen att skapa, att vara konstnärer, men med vitt skilda mål.

Så hur fungerar det i nuläge? Går uppdrag och utställningar till yrkeskonstnärerna? Vid offentliga upphandlingar fungerar det väl, men en del konsthallar och konstföreningar skulle kunna tänka om. Eftersom det är ett sånt tryck på att få ställa ut och de överhopas av förfrågningar, skulle en enkel uppdelning enligt ovan lösa många problem. Om konstföreningar ändrade sina riktlinjer att gälla yrkeskonstnärer i stället för det mer otydliga begreppet professionella konstnärer skulle vi prata samma språk. På utställningar i mindre konsthallar eller konstföreningars regi är hobby- och fritidskonstnärerna överrepresenterade. Som det nu är uppfattas yrkeskonstnären ofta som krävande eftersom fritidskonstnärerna sällan bryr sig om villkoren på samma sätt. Uppdelningen gör det ju också tydligare vem som är berättigad att få ersättning enligt MU-avtalet. Jag tror vi skulle ha lättare att driva yrkeskonstnärernas frågor. Det blir väldigt konstiga förhandlingar när man blandar ihop yrkeskonstnärer, fritidskonstnärer och hobbykonstnärer i samma pott, bara för att de en gång i tiden gått samma konstnärliga utbildning. I det här fallet är målet vägen. Vad konstnären vill med sitt konstnärskap är den definierande länken.

Visst finns det fler dimensioner än bara det ekonomiska, som en läsare påpekade, "utan också vad det gäller kvalitet och om man säger yrkeskonstnär eller professionell konstnär spelar ingen roll. Det finns yrkeskonstnärer som producerar skräp." Helt rätt, lång och trogen tjänst är inte nödvändigtvis likvärdig med bra konst. Å andra sidan finns det skickliga konstnärer som valt att göra det på hobby eller fritidsbasis. Men jag tycker inte det är ok att fritidskonstnärerna skummar grädden av konstkakan via skattefinansierade ersättningar, oavsett hur skickliga de är.

Det är kommunerna som står för majoriteten av utställningsmöjligheterna i Sverige. Även om regionerna har införandet av MU-avtalet i sina kulturplaner, så är det bara vägledande för kommunerna, gallerierna och konstföreningarna. Den stora utmaningen är att få alla utställningsarrangörer att anamma MU. Ett alternativ är att göra MU-avtalet ett krav när utställningsverksamhet drivs helt eller delvis med skattefinansierade medel.

Arbetsförmedlingen Kultur Media

En ytterligare resurs för yrkesverksamma konstnärer är Arbetsförmedlingen Kultur Media, en rikstäckande specialarbetsförmedling som ger stöd och service av arbetsförmedlare som kan vår bransch. För att bli inskriven på Arbetsförmedlingen Kultur Media måste du fylla vissa kriterier och söka jobb inom specifika yrken inom kulturområdet. Redan 2003 insåg man att kriterierna för att kalla sig kulturarbetare behövde skärpas, för att ge de mest kvalificerade en chans att leva på sitt yrke (läs mer om detta nedan).

För konstnärer kan AF Kultur Media förmedla kontakter för uppdrag, arrangera portfoliovisningar och erbjuda utbildningar för att stärka kompetensen som efterfrågas på arbetsmarknaden. Bland annat utbildar de konsulter som sedan frilansar eller jobbar för Konstnärscentrum med inköp och offentliga upphandlingar vid ny- och ombyggnation i både den offentliga och privata sektorn. De har kontakter inom och utanför Sverige och söker ständigt svar på frågan "var finns behoven?". De assisterar vid urvalsrekrytering för uppdrag inom kulturområdet, till exempel utsmyckningar eller samarbetsprojekt med andra länder.

Bildbanken är Sveriges största söktjänst inom konst, design och formgivning. Här finns ett brett urval av: konstnärer, formgivare, illustratörer, inredningsarkitekter, fotografer, curatorer, dekormålare och konsthantverkare samt konsulter inom pedagogiska och kreativa tjänster. Du behöver inte vara inskriven på Arbetsförmedlingen för att medverka i Bildbanken, men du ska ha fullgjort en för yrket lämplig högre konstnärlig eller motsvarande utbildning. På Bildbanken kan du presentera dig och dina arbeten för gallerister och inköpare av konst.

Kriterier för inskrivning vid Arbetsförmedlingen Kultur Media

Övergripande inriktning

En inskrivning vid Arbetsförmedlingen är frivillig. Undantag: personer som får arbetslöshetsersättning eller som vill få sin ersättningsrätt prövad eller som deltar i arbetsmarknadspolitiskt program eller på annat sätt uppbär aktivitetsstöd.

Sökande som är etablerade kulturarbetssökande tillhör Arbetsförmedlingen Kulturs verksamhetsområde och ska vara inskrivna där.

För samtliga etablerade kulturarbetare inom *Bild och form*, *Scen och ton* samt *Ord och media* gäller följande:

Nedanstående kriterier gäller för inskrivning vid Arbetsförmedlingen Kultur Media. *Observera att Arbetsförmedlingen Kulturs inskrivningskriterier är enbart en arbetsmarknadspolitisk bedömning och utgör inte en konstnärlig bedömning när det gäller begreppet etablerad kulturarbetare.*

- Den sökande ska ha fullgjort en för yrket lämplig högre konstnärlig eller motsvarande utbildning. Med lämplig utbildning avses akademisk konstnärlig utbildning vid högskola/universitet eller övrig utbildning enligt arbetsförmedlarens bedömning. Utländska utbildningar bedöms individuellt. Utbildningar inom gymnasieskolan eller motsvarande räknas inte som konstnärlig högre utbildning, ej heller administrativa, pedagogiska eller teoretiska utbildningar inom kulturområdet vid högskola eller universitet.
- All utbildning och yrkesverksamhet som åberopas för att vara etablerad kulturarbetssökande ska kunna styrkas. Till exempel genom examensbevis, diplom, betyg från utbildning, tjänstgöringsintyg eller arbetsgivarintyg från arbetsgivare, kontrakt, meddelande om erhållet stipendium, vernissagekort, ersättningsmeddelande från STIM eller BUS.
- Saknar den sökande konstnärlig utbildning eller om mer än tre år, för bildkonstnärer gäller fem år, förflutit sedan den sökande avslutat sin utbildning ska följande gälla. Hänsyn kan tagas till sjukfrånvaro, föräldraledighet, värnplikt eller motsvarande som kan utgöra överhoppningsbar tid.

Bild och form

Den sökande ska under tre av de senaste fem åren ha uppfyllt ett flertal av nedanstående kriterier:

- erhållit statligt, kommunalt, landstingskommunalt, eller annat enskilt konstnärsstipendium eller
- erhållit uppdrag om offentlig utsmyckning eller
- deltagit i utställning på konstmuseum, konsthall, etablerat galleri eller

- inköpts av offentligt museum, Statens konstråd, annan offentlig institution eller
- på annat sätt påvisat att den sökande är etablerad på den konstnärliga kulturarbetsmarknaden.

Bildbanken för arbetssökande

Bildbanken är en mötesplats för professionella kreatörer och uppdragsgivare inom konst- och designområdet.

Aktivt yrkesutövande inom följande yrken kan presentera sig i Bildbanken; konstnärer, formgivare, modedesigners, illustratörer, inredningsarkitekter, fotografer, curators, dekormålare och konsthantverkare. I Bildbanken används begreppet kreatör som ett samlingsnamn för dessa yrken.

Bildbanken är en helt kostnadsfri tjänst.

Uppdragsgivare, företag och privatpersoner kan fritt söka bland kreatörer, bilder och presentationer med hjälp av flera olika sökvägar, till exempel fritextsökning, områdessökning och sökning på konstnärsnamn.

Kreatören behöver inte vara inskriven vid Arbetsförmedlingen för att vara med i Bildbanken. Däremot måste Arbetsförmedlingen Kultur Medias kriterier vara uppfyllda när det gäller aktuell högskoleutbildning och/eller erfarenhet inom det konstnärliga området.

Det föreligger inga hinder att vara inskriven som arbetssökande även om man driver företag och exempelvis har F, FA-skatt och så vidare. Att vara inskriven vid Arbetsförmedlingen Kultur Media är inte kopplat till någon ersättningsrätt eller medlemskap i arbetslöshetskassa eller liknande. Möjligheten står öppen för den som söker arbete eller uppdrag inom våra Branschområden under förutsättning att man uppfyller kriterierna. Vilka arbetsmarknadspolitiska insatser som blir aktuella, förutom att man får tillgång till arbets/uppdragsförmedlingen, avgörs ifrån fall till fall och grundar sig på den vid tillfället förda arbetsmarknadspolitiken och den enskilde individens situation och möjligheter på arbetsmarknaden.

När det gäller utbudet av utbildningar så är det alltid en arbetsmarknadspolitisk bedömning som blir avgörande. För att Arbetsförmedlingen ska kunna göra en sådan, ska man ha varit inskriven som arbets/uppdragssökande vid Arbetsförmedlingen Kultur Media en längre tid och blivit prövad mot arbetsmarknaden för att se om det finns möjlighet till arbete såväl inom som utanför sitt yrkesområde utan någon arbetsmarknadspolitisk insats. Vilka som i första hand har tillgång till de arbetsmarknadspolitiska insatserna styrs av de beslut och prioriteringsordningar som fastställs av sittande regering och då främst via Regleringsbrev som går ut till respektive myndighet. Man bör notera att Arbetsförmedlingen Kultur Media är en del av den offentliga Arbetsförmedlingen och har samma regelverk, förordningar och så vidare som gäller för övriga Arbetsförmedlingar. Det finns i myndighetsutövningen ingen koppling till kulturpolitiken utan endast mot arbetsmarknadspolitiken.

Det finns också ett Riksövergripande Branschråd för Arbetsförmedlingen Kultur Media där parterna har representation, exempelvis är Centrumbildningarna representerade liksom KRO/KIF, KLYS med flera. Liksom representanter för olika arbetsgivarorganisationer inom våra områden så som exempelvis Svensk Scenkonst, Tidningsutgivarna med flera.

De olika Branschorganisationerna har varit med och arbetat fram kriterierna som gäller för att man ska kunna vara inskriven vid Arbetsförmedlingen Kultur Media. I grunden bygger kriterierna på ett regeringsbeslut 1998 avseende vilka som kan erhålla arbetsmarknadspolitiska insatser inom kulturområdet och har då sin grund i de konstnärligt utövande yrkena såsom exempelvis bildkonstnärer, skådespelare, musiker, författare och så vidare. De nuvarande kriterierna har gällt vid Arbetsförmedlingen Kultur Media sedan 2003. Anledningen till att dåvarande regering gjorde detta ställningstagande (det har inte blivit ändrat sedan dess, trots skifte i regeringsmakten) var arbetsmarknadspolitiskt då det var en mycket stor andel av de som var inskrivna som arbetssökande inom kulturyrkena, som saknade såväl kompetens via erfarenhet, som via utbildning, dessa personer hade/har en betydligt större chans till arbete inom andra yrkesområden och bör därför också matchas i första hand mot de yrken där man har möjlighet att få arbete. Efter att kriterierna införts (parterna, inklusive kulturarbetarnas organisationer deltog som ”remissinstans” i detta arbete) minskade antalet sökande inom yrkesområdena ifrån cirka 38 000 till cirka 12 500 vilket naturligtvis ökar de sistnämndas chans till en bra arbetsmarknadspolitisk insats när så behövs.

Av ovan nämnda framgår att det är arbetsmarknadspolitiken som styr verksamheten men det innebär för Arbetsförmedlingen Kultur Media ett regelbundet samarbete också med exempelvis Kulturrådet, Konstnärsnämnden, Centrumbildningarna med flera. Dels i det nämnda Nationella Branschrådet men också i specifika branschråd för respektive område Bild & Form, Scen & Ton och Ord & Media, samt i andra mötes/samarbetsformer. Det finns också en ”Lista” på utbildningar som per automatik ger tillträde till att vara inskriven vid Arbetsförmedlingen Kultur Media, denna lista revideras kontinuerligt med hjälp av branschråden (uppdrags/arbetstagarnas företrädare och uppdrags/arbetsgivarnas företrädare).

Arbetsförmedlingen Kultur Media har ett arbetsmarknadspolitiskt uppdrag på samma sätt som övriga arbetsförmedlingar, men är en specialförmedling inriktad mot kulturområdet och då i huvudsak för de konstnärligt inriktade yrkesområdena, med till dessa branscher knutna yrkesområden exempelvis ljus-, ljudtekniker, och så vidare.

En grundläggande förutsättning för att kunna ta del av uppdrag och utbildningar är att man är inskriven som arbets-/uppdragssökande och att man varit det under så lång tid att det ifrån vår sida går att göra en arbetsmarknadspolitisk bedömning av vilka behov som föreligger för att man ska kunna uppnå egenförsörjning.

I praktiken innebär det att man under en längre tid varit inskriven som arbetssökande, sökt de arbete/uppdrag som Arbetsförmedlingen anvisat/gett förslag på, samt att man uppfyller den prioriteringsordning som sittande regering fastställt inom ramen för den arbetsmarknadspolitik man driver (regleringsbrev till Arbetsförmedlingen). I nuvarande läge innebär det till exempel att för att man ska kunna ta del av exempelvis utbildningsutbudet så ska man vara långtidsarbetslös vilket med nuvarande regerings tolkning är att man är inskriven i någon av garantierna (Jobb/utvecklingsgarantin eller Ungdomsgarantin). Då olika regeringar och för den delen samma regering, kan ha olika ingångslägen i sin arbetsmarknadspolitik beroende på dels ideologiska skäl, men också på aktuellt arbetsmarknadsläge så varierar således möjligheten att få ta del av de olika programmen exempelvis utbildningsinsatser över tid.

Utgångspunkten för att vara inskriven på arbetsförmedlingen är/måste alltid vara att man vill ha arbete/uppdrag, inte att man vill komma åt ett utbildningsutbud eller annat program utan att i övrigt vara arbets-/uppdragssökande (för kulturarbetare gäller då att man både kan och vill ha arbete i form av anställning samt att man också kan och vill ta uppdrag via sin FA-skatt, F-skatt). I nuläget är det också så att om man har ett registrerat företag, FA-skatt så måste man också kunna deltaga i de program som finns på heltid, man kan inte vara ledig tillfälligt eller på deltid, för att utföra uppdrag, i sitt företag och samtidigt ta del av en utbildningsinsats eller annat program.

Läs mer på www.arbetsformedlingen.se/kulturmedia

Ett stort tack till cheferna på AF Kultur Media som skrivit merparten av texten i detta kapitel och via samtal fyllt i mina kunskapsluckor.

Äkta livsforskning

Så hur fungerar det i praktiken att skriva in sig på AF Kultur Media? Som vi kan se i texten ovan om man saknar konstnärlig högskoleutbildning eller om mer än tre år passerat sedan examen måste man ha tillräckligt med utbildning, erfarenhet och vuxenpoäng för att få kalla sig konstnär. I stort sett samma kriterier som för att komma in i KRO, men arbetsförmedlingen gör sin egen bedömning, utifrån ett arbetsmarknadspolitiskt perspektiv.

- Börja med att skapa ett konto på Arbetsförmedlingens webbplats. Eftersom arbetsförmedlingens hemsida är skapad för vanliga arbetssökande är det lite pill att få in en yrkeskonstnärs data.
- Besök din lokala arbetsförmedling för att skriva in dig och verifiera kurser, utbildningar, utställningar och uppdrag innan det skickas vidare till AF Kultur och Media för bedömning. Jag fick enorm hjälp av de lokala arbetsförmedlarna som tålmodigt gick igenom alla mina papper och skrev in kompletterande information i systemet
- Därefter blir man kallad till ett personligt möte med Kultur Medias handläggare med vidare inmatning av data och beslut om handlingsplan.
- Därefter inskrivning i Bildbanken.

En fundering eftersom många landsting/regioner har en egen databas för uppdragssökande konstnärer. Varför använder de inte Bildbanken?

TV program om konst

Ett TV program om konst, det finns väl inte? Nej, det är ju det som saknas. Om detta skrev Elna Svenle, numera museichef för Vandalorum, en mycket bra krönika för Jönköpingsposten, Dåligt med konst i rutan.

Bokvärlden har Babel, ett riktigt kvalitetsprogram om litteratur. Böcker diskuteras i morgonsoffor och det rapporteras flitigt från bokmässan i nyheterna. Intresset för läsande håller hög nivå när vi får så stora doser bokinformation. Vi slukar samtalen med författare, tar till oss recensionerna och självklart leder det till ett ökat intresse av att läsa, att förstå och att vidga våra vyer.

Dansen har fått ett enormt genomslag genom alla dansprogram på TV. Intresset ökar, kunskapsnivån stiger och den kulturella allmänbildningen blir bättre. Alla åldrar har börjat dansa som aldrig förr.

Tack vare Malena Ernmans deltagande i Melodifestivalen och digitaliseringen av våra biografer som visar opera live från The Met har intresset för opera ökat lavinartat. Det som tidigare var ett exklusivt nöje är nu tillgängligt för alla. Kunskap och intresse följer naturligtvis med på köpet i den ökade konsumtionen. Alla musikprogram på TV gör att vi förstår, intresserar oss för, och engagerar oss i musiken. När vi möter kultur genom TV så får det stort genomslag.

Det är förvånansvärt att SVT, som ändå har ett public service uppdrag, ännu inte startat ett kvalitetsprogram om just konst. Vi är otroligt kreativa i Sverige och konstnärer finns det gott om för att inte tala om alla entusiastiska och kunniga konstansvariga runtom i landet.

Jag har en vision av hur ett konstprogram skulle kunna se ut. Det skulle inte ha en studio i Stockholm, nej konsten finns ute i landet, i KONSTRIKET. Det blir väl en bra titel på ett program om konst? Folk vill förstå, de vill veta, hur tänker konstnären, hur tänker konstchefen, hur gör vi... när jag möter publiken är det just vetgirigheten som slår mig, den otroliga nyfikenheten om vårt yrke. Res runt i Sverige, intervjua konstnärer, ta med allt från föreställande till abstrakt till obegripligt. Genom att möta individerna och ställa frågor så ökar förståelsen. Genom att visa hur konsten skapas så växer intresset för både konst och konstnärer. Konst är ju så visuellt, det skulle vara jättelätt att göra riktigt bra TV av detta.

Det är inte bara konstnärer som ska vara med i programmet. Jag tänker på alla dessa eldsjälar som jag mött, de konstansvariga i kommunerna, ofta på liten ort, men entusiasmen, kunskapen, glädjen är så stor - tänk om hela landet skulle få möta dem i deras vardag.

Konstnärsorganisationerna vill jag också möta på TV skärmen. Vilka är individerna, vad gör de, varför håller de på med det de gör. Varför är politiken så viktig, hur kan den utformas för att skapa ett bättre konstrike.

Tänk er att få möta journalisterna som berättar om konstutställningar, om möten med konstnärer, tänk att få ta del av den enorma kunskap en riktig kulturskribent besitter.

Det går ju att göra hur många program som helst, om hur landstingen/regionerna köper in konst och utsmyckningar, hur de tänker runt konst i vården, hur olika kommuner jobbar med sina samlingar och hur invånarna upplever både det stora och det lilla.

Man kan göra program "bakom kulisserna" av jurybedömda utställningar, möta konstföreningar och den ideella kraften, göra reportage om målargrupper, kolla in Artist in Residence. Ja ett TV program om KONSTRIKET skulle kunna bli hur bra som helst.

Konst i län/region

Än en gång har jag blivit snuvad på ett projekt bara för att jag bor i fel län. Det började så bra med inbjudan till inspirationsträff för utvalda konstnärer via KC Väst som fått i uppdrag att föreslå konstnärer till Business Sweden:s utlandssatsning.

"Business Sweden har startat ett projekt UNSHADE där kulturföretag såsom musikgrupper, danskompanier, konsthantverkare, filmskapare, designers och bildkonstnärer kommer att kunna få hjälp att utveckla och förbereda sig för en internationell satsning. Syftet är att nå ut till en större publik och att få fler kunder." Man bör vara seriöst intresserad, mogen att satsa egen tid och energi, samt ha möjlighet att bekosta resa och uppehälle. 7 personer/grupper kommer i slutändan att väljas ut för utlandslansering.

Självklart åkte jag på inspirationsträffen. Det här är precis vad jag vill. Men, så kom ju medfinansiären Västra Götalandsregionen på att bara de som bor i regionen ska få vara med. Sorgligt att de inte tänkt på det tidigare. Ibland blir man bara så trött...

Samlingssidorna som landstingen/länen/regionerna publicerat på nätet visar hur olika det ser ut i landet. Jag har försökt att hitta dem alla, men kanske inte alltid fångat den bästa ingångssidan. Regionerna har kommit olika långt. En del har samlat allt på en egen hemsida för just konst i länet, en del har en infosida eller fler under landstingets webbsida. Hur man jobbar med konst och konstnärer varierar stort mellan regionerna. Att det finns goda idéer och kulturkraft råder ingen tvekan om. Men först kommer några goda exempel:

KUL TUR

Kul Tur Öppna ateljéer & verkstäder i Jämtland/Härjedalen är ett arrangemang där länets konstnärer, konsthantverkare och slöjdare öppnar upp sina ateljéer och verkstäder under första helgen i maj.

Kul Tur startade 2011 på initiativ från konstnären Åsa Maria Hedberg som ett EU projekt. Numera driver konstkonsulenten arrangemanget tillsammans med Hemslöjdskonsulenterna i Jämtlands län.

Deltagarna väljer själva hur man presenterar sin verksamhet, men poängen är att skapa möten med en intresserad allmänhet, konstföreningar, gallerister, beställare, media med mera, samt självklart även att skapa möjligheter till försäljning och/eller beställningar av konst och slöjd/konsthantverk. Att regionen står för administration, kataloger och kostnader borde vara praxis för alla konstrundor.

Art in process

Vid ett flertal tillfällen arrangerades möjligheter för konstnärer bosatta i Västerbotten, Sverige och Österbotten, Finland att delta i kompetensutvecklande workshops runt om i Europa. Under ledning av curators och internationellt erkända namn inom konstvärlden fick deltagarna möjlighet att utveckla sina konstnärskap och skapa nya kontakter samt samarbeten som gynnar den individuella verksamheten, inklusive kännedom om branschen på ett internationellt plan. Deltagarna åkte till flera städer i Europa (städer såsom Vasa, Berlin, Madrid eller Paris samt Umeå) och träffade aktörer inom konstfältet så kallade ”reviewers” (recensenter) som hjälper till att analysera, utveckla och stärka det individuella konstnärskapet utgående från bland annat portfolios och ”artist statements”. Deltagarna besökte flertalet konstinstitutioner och gallerier med mera.

Målsättningen med projektet är att skapa nya möjligheter för konstnärer bosatta i Västerbotten och Österbotten att kunna verka inom konstfältet utanför den egna regionen, nationellt och internationellt.

Jurybedömd Länssalong

Västerbotten föregår med gott exempel när det är de konstansvariga för regionen som arrangerar utställningen. De tar ingen anmälningsavgift, ingen provision och de betalar transport till och från utställningen för antagna verk. Dessutom har de två parallella utställningar, en i Umeå och en i Skellefteå. Det var många steg i rätt riktning. Att följa MU-avtalet helt ut vore ännu bättre.

Konst i Dalarna

är en ideell förening med syfte att verka regionalt för bild- och formkonstens främjande. Föreningen startade på initiativ av KRO och KIF i Dalarna i maj 1995 och har för närvarande 93 medlemmar, vilket utgör de flesta av länets aktivt yrkesverksamma bild- och formkonstnärer. På webbsidorna finns bilder av de flesta medlemmarna. Webbsidorna rymmer en bildbank på närmare 300 exempelbilder ur konstnärernas produktion. Målsättningen är att kontinuerligt förnya bildmaterialet. Medlem i föreningen kan den bli som är yrkesverksam bild- eller formkonstnär, med motsvarande invalskriterier som KRO och KIF.

KiD förmedlar all slags service i samband med olika utsmyckningsprojekt: konsulthjälp, konstnärskontakter och kontraktskrivning. KiD hjälper dig att arrangera alla typer av utställningar och program inom konstens område såsom förmedling av konstnärer, temautställningar, utställningskontrakt och programverksamhet. KiD kan bidra med kunskap och idéer i alla projekt där ett kreativt konstnärligt tänkande behövs.

Varje år arrangerar KiD en utställning som heter Jubilarens val. Idén är hämtad från Umeå, där projektet startade på 90-talet. Jubilarerna är de som varit anställda inom kommun och landsting i 25 år, och för den insatsen belönas med en gåva från sin arbetsgivare. Traditionellt är den gåvan en kristallvas eller en guldklocka, men i KiD:s projekt erbjuds jubilarerna i stället ett eget valt konstverk från den stora Jubilarens val utställningen.

Jubilarerna: Får ett eget valt kvalitetskonstverk och en möjlighet att se en fullspäckad utställning med den konst som skapas runt om i deras eget län samtidigt som de får en möjlighet att möta de konstnärer som är närvarande vid utställningen.

Konstnärerna: Får visa upp sig som den resurs de är. Det finns ingen anledning för kommunerna att skicka efter jubilargåvor från andra sidan världen, när så mycket bra saker skapas alldeles runt hörnet.

Kommunerna: Får möjlighet att skänka en personlig gåva till sina jubilarer samtidigt som de stöttar sin egen regions småföretagande konstnärer med arbetstillfällen. Efter utställningen får de alla sina utvalda konstverk levererade till sig av KiD och en samlingsfaktura. Enklare blir det inte.

Meeting Point

Regionerna Skåne och Västra Götaland drev ett projekt med portfoliovisningar och möten mellan internationella curatorer och konstnärer i regionerna. Tänk om alla regioner skulle vara med på det tåget!

Portalen Konst i Halland

För att vara med på sidan, som drivs av region Hallands konstsamordnare, ställs följande krav på gallerister:

- Galleriets huvudsakliga verksamhet ska vara att kontinuerligt anordna periodiska utställningar, främst med olika nu levande svenska och utländska konstnärers verk. Galleriet ska tillämpa ekonomiskt och estetiskt godtagbara utställningsvillkor gentemot konstnären. **Galleriet får inte debitera hyres- eller garantibelopp**. Galleriet ska visa omsorg om konstnärer.

För konstnärer gäller i stort sett att man uppfyller inträdeskraven till KRO/KIF.

Personal

De som jobbar med konstområdet kan vara konstkonsulenter, konstansvariga eller konsthandläggare eller i många fall är det konstnärerna själva som driver konsten framåt i regionen.

Konstkonsulenterna skall stärka, främja och utveckla konstområdet i sina län och regioner. Genom en helhetssyn på konsten och dess relation till det övriga samhället är verksamheterna övergripande inriktade på att stärka de regionala strukturerna på konstområdet. I augusti 2007 bildades riksföreningen Konstkonsulenterna i Sverige. Föreningens syfte är att främja konstkonsulentverksamheternas intressen inom konstområdet samt att arbeta med information, opinionsbildning och övriga gemensamma frågor. Konstkonsulenternas verksamheter finansieras av respektive region/län samt Statens Kulturråd.

Konstansvariga och **konsthandläggare** arbetar oftast med inköp, upphandlingar och hantering av landstingens konstsamlingar.

Samlingssidor konst i län/region:

Stockholms län

- Konst i landstinget

Uppsala län

- Konst i landstinget

Södermanlands län

- Konst i Sörmland

Östergötlands län

- Konstkonsulent i Östergötland

- Regionförbundet Östsam
- www.lanskonst.se

Jönköpings län

- Bild och form
- Art Talks

Kronobergs län

- Region Södra Småland
- Kulturplan Kronoberg

Kalmar län

- Konst i Kalmar län

Gotlands län

- Konst Region Gotland

Blekinge län

- Kultur i Blekinge
- Konstrundan i Blekinge län

Skåne län

- Bildkonst och form i Skåne

Hallands län

- Konst i Halland

Västra Götalands län

- Konstenheten Västra Götalandsregionen

Värmlands län

- Landstinget i Värmland

Örebro län

- Konst i Örebro län

Västmanlands län

- Konst i Västmanlands län

Dalarnas län

- Länskonst Dalarna
- Konst i Dalarna

Gävleborgs län

- Konst i landstinget

Västernorrlands län

- Kulturguide Västernorrland
- Resurscentrum konst
- Volym

Jämtlands län

- Bildkonsten Jämtland/Härjedalen
- Kul Tur

Västerbottens län

- Bild och form Region Västerbotten
- Konst i Västerbotten

Norrbottens län

- Landstingets konst

Jag har valt att inte skriva ut länkarna, dels för att de ändras, dels för att de är så långa. I e-boken finns klickbara länkar. En sökning på 'rubriken + konst' brukar locka fram rätta sidan. Exempel 'Norrbottens län landstingets konst' leder dig rätt, även om du läser boken 17 år efter jag skrivit den.

Vad kostar en utställning?

Nu ska vi prata siffror. MU-avtalet reglerar ersättningsnivåerna till yrkeskonstnärer när vi ställer ut på konsthallar, museer och gallerier. M står för Medverkandeersättning, konstnären ska ha betalt för den tid hon lägger ner på att planera, organisera och medverka i en utställning. U står för Utställningsersättning, det är en upphovsrättslig ersättning för att verken visas offentligt (musiker har STIM, författare royalties). Tariffen regleras efter längden på utställningen och antalet besökare till konsthallen. Därtill kommer kostnader som arrangören ska stå för som transport av konstverk, försäkring, resor, boende och traktamente för konstnären, affischer, annonser, vernissagekort, kataloger och annan PR.

Varje utställning är ett platsspecifikt event. Det kräver planering, omtanke, funderingar och vinklingar så att konceptet blir en helhet. Det är ju inte så att vi slänger ner lite verk i skuffen och drar till konsthallen och slänger upp konsten på väggen och hoppas på det bästa. Även om alla verken är producerade så gäller det att välja ut rätta målningarna och tema för just detta tillfälle och denna plats. Det här tar tid. För att kunna skriva pressmeddelande, göra affisch och kataloger, måste det finnas en utställningsidé. Innan man ens fått kontrakt, så lägger vi mycket tid på att pitcha idéer till utställningsarrangörer. Även i små kommuner så kan det komma tio ansökningar för varje utställningsmöjlighet, på större arenor blir de överhopade av goda förslag. De flesta konstnärer har hyllmeter med idéer till utställningar, projekt och uppdrag som aldrig blev av för att möjligheten just den gången gick till någon annan. Eftersom lös konst är min huvudsakliga verksamhet är utställningar en hjärtefråga för mig. Om MU-avtalet följdes helt ut av alla utställningsarrangörer i Sverige skulle vi faktiskt kunna leva på vår konst. Besökare går ju på utställningar för upplevelsen, lite som att gå lyssna på ett föredrag eller en konsert, de går inte dit för att köpa konsten men för att få se den och beröras av upplevelsen. Så självklart ska vi ha betalt, utan oss finns det ingenting att visa.

MU tarifferna är ändå rätt blygsamma ersättningar jämfört med de anställdas löner på konsthallarna. KRO/KIF:s rekommenderade timarvode (2014) är 750 kr/timme exklusive moms vid F-skatt. Med lite matematik ser vi att det blir 30 000 kr per vecka, plus 25% moms 7 500 kr, så totalt behöver budgeteras 37 500 kr per vecka. För en anställd kan det här ju se ut som rena paradiset, men momsen går rakt igenom till skatteverket. Alla egenföretagare har inte 100% debiterbar tid, för många ligger den debiterbara tiden på 50%, det vill säga hälften av tiden är sälj, administration, bokföring, ansökningar, upphandlingar, pitcha idéer eller vidareutbildning, tid som inte kan faktureras. En företagare har ju också alla kontors och ateljéutgifter som ska betalas ur arvodet. En löntagare ser inte de sociala avgifterna, eftersom arbetsgivaren betalar in direkt till skatteverket. För oss egenföretagare ligger egenavgifterna på 28.97% för närvarande. Så nettot till konstnären blir betydligt mindre än någon av de anställda på konsthallen får ut i lön.

Så hur mycket tid tar det att planera och utföra en utställning? Tre till fyra veckor om man är någorlunda fokuserad. Men det förutsätter att konsten redan är producerad och klar för hängning, fotad och bearbetad för webb och tryck. Minimiersättningen för Medverkan ligger alltså på 90 000-120 000 kr exklusive moms.

De flesta utställningar hänger cirka en månad. Om vi räknar fyra veckor separatutställning hamnar Utställningsersättningen på mellan 4 400-17 200 kr exklusive moms (2012 års uppräkning). Uppdaterade avtal och ersättningsnivåer hittar du på KRO/KIF:s hemsida.

Följande utställningsersättningar gäller från 1/1 2012 och tre år framåt. Lägsta belopp:

Utställningsersättning

- Separatutställning, 5 300 kronor
- Grupputställning 2-3 deltagare, 3 200 kronor per konstnär
- Grupputställning med fler än tre deltagare, 2 200 kronor per konstnär

Vandringsutställningar

- 1-5 utställningar 4 800 per konstnär
- 6-10 utställningar 6 400 per konstnär
- 11-15 utställningar 7 900 per konstnär

Belopp per utställarkategori

- Kategori 1: Större museer och konsthallar. Separatutställning, 4 300 kronor/vecka

- Kategori 2: Medelstora museer, länsmuseer, större konsthallar och kulturhus. Separatutställning, 3 200 kronor/vecka
- Kategori 3: Mindre museer och medelstora konsthallar. Separatutställning, 2 200 kronor/vecka
- Kategori 4: Små konsthallar och utställningsrum samt fria arenor. Separatutställning, 1 100 kronor/vecka

Skattetekniskt bör utställningsersättning kunna betraktas som ersättning för upplåtelse av konstnärens visningsrätt (upphovsrättsersättning). Ersättningen blir en omsättning i konstnärens verksamhet och debiteras med moms (25 %). Ersättningen är inte betalning för utfört arbete. Den orsakar därför inte skyldighet för arrangören att betala sociala avgifter och innehålla preliminär A-skatt i de fall mottagaren saknar F-skattsedel. Det saknar alltså betydelse om konstnären betalar A-skatt eller F-skatt. Därmed inte sagt att inkomsten är undantagen sociala avgifter, men det regleras av mottagaren i inkomstdeklarationen. Om moms skall betalas ut styrs av om konstnären driver näring, det vill säga deklarerar sin verksamhet på NE-blankett.

Därtill kommer alla kostnader. Arrangören ska stå för transport av konstverk, försäkring, resor, boende och traktamente för konstnären, affischer, annonser, vernissagekort, kataloger och annan PR. Konstnären skriver ju ofta merparten av text och bidrar med bilder och ska då ha medverkanersättning för tiden de lägger ner. Siffrorna ovan är minimiersättningar och bör betraktas som en grundnivå för att attrahera yrkeskonstnärerna.

Konstföreningar har ju en utställningsersättning som finansieras via Kulturrådet. De säger att de följer MU-avtalet, men det stämmer inte. Sveriges Konstföreningar tillämpar MU-avtalets tariff, lägsta belopp (se ovan). Om man har tur och pengarna räcker så kan man få ett minimibelopp som utställningsersättning en gång per år, men absolut ingen medverkanersättning.

Vad blir konsekvensen av detta? Jo, en icke statistisk research visar att fritidskonstnärerna är de som tackar ja till konstföreningarnas villkor. De har lön och kan kosta på sig att ställa ut på i stort sett egen bekostnad. Det är få yrkeskonstnärer med F-skatt som figurerar på konstföreningarnas utställningar. Dags att tänka om Kulturrådet och Sveriges konstföreningar? Om konstföreningarna inte har råd med MU-avtalet kan de ju lägga ner sin utställningsverksamhet och göra sina studiebesök hos yrkeskonstnärerna och de offentligt finansierade konsthallarna. Konstföreningens primära uppdrag är konstbildande och att anlita professionella konstnärer. I min värld är inte fritidskonstnären en professionell utövare av yrket. Det känns märkligt att den statliga kulturbudgeten subventionerar fritidsverksamhet. Många konstföreningar subventioneras via skattemedel från stat, kommun och landsting/region som borde kräva att MU-avtalet följs fullt ut.

Det ser säkert lite olika ut i regionerna runt om i landet, men det kan vara intressant att titta på min egen region, Jönköpings län, efter en ny regional enkät av KRO och KIF 2014.

Den regionala kulturplanen för Jönköpings län fastställer att MU-avtalet ska tillämpas. Men hur långt har branschpraxis kommit i länet? KRO/KIF skickade en enkät till länets 13 kommuner och 9 konstföreningar, varav 10 respektive 3 svarade. Gislaveds konsthall utmärker sig positivt genom att budgetera för medverkansersättning, även om det är en blygsam summa på 30 000 kr för hela 2015. Det motsvarar 40 arbetstimmar för en konstnär som F-skattar. Ingen annan kommun budgeterar för att betala konstnärerna för det jobb de investerar i en utställning. Endast 4 kommuner betalar utställningsersättning. Majoriteten av kommunerna står dock för en stor del av kringkostnader vid utställningar. Svaren från konstföreningarna är få men representativa enligt Riksförbundet för Sveriges konstföreningar. Konstföreningen står för en del av kringkostnaderna och betalar den lägsta tariffen för utställningsersättning genom stöd av Statens Kulturråd. Medverkansersättning nämns överhuvudtaget inte. Trots att det är konsten som är själva kärnan i verksamheten för konsthallar, museer och konstföreningar får konstnären allt som oftast arbeta gratis.

Attityder gör stor skillnad, till exempel Värnamo kommuns kultursekreterare la in utställningsersättningen i budgeten på egen hand, medans länsmuseichefen gärna minns den gamla goda tiden då en flaska whisky räckte för att betala konstnären.

Det är hög tid att alla utställningsarrangörer som erhåller skattepengar att fullt ut budgetera MU-avtalet. Även om en utställning kan kosta allt mellan 50 000 - 2 000 000 kronor så finns det inte en politiker eller tjänsteman som kan budgetera efter så breda marginaler. Genomsnittet när man räknar ihop konstnärens medverkan, utställningsersättning och kostnader ligger på mellan 100 000 - 200 000 kronor per utställning.

Tycker man sig inte ha råd att betala konstnärer, men alla andra som jobbar där, kan man ju helt enkelt lägga ner utställningsverksamheten. Måste vi bli dramatiska? Ser framför mig en rikstäckande kampanj:

Budgetera MU-avtalet fullt ut eller lägg ner konsthallen.

Det är ju på alla nivåer som detta måste drivas: staten, kommuner, landsting, och konstföreningar. Namninsamlingar är ett sätt att ge tyngd åt en kampanj. Konsekvensen av att MU inte finansieras är att yrkeskonstnärerna väljer bort utställningsarenorna. Varför ska då skattebetalarna stå för hobby och fritidskonstnärernas bisyssla?

Regionerna får nu själva disponera en stor del av kulturbudgeten, som skulle kunna kopplas till krav på MU-avtalet för att få at del av finansieringen, både på regional och kommunal nivå.

För små kommuner behövs en kreativare lösning. Där sitter redan konstansvarig på många stolar och trollar fram magi från små medel. Jag beundrar dessa eldsjälar. Staten och regionerna skulle kunna inrätta en MU-ersättning som kan sökas för yrkeskonstnärer. Det finns redan en alldeles för markant storstadsfixering i konstvärlden. En levande landsbygd förtjänar att kunna visa samtidskonst av hög klass, utan att konstnärerna ska behöva stå för fiolerna.

Att staten lägger 80 miljoner på gratis inträde till museer i stället för att finansiera omställningen till MU-avtalet är en skymf för en hel yrkeskår. Konstnärerna är nu den enda kulturarbetaren som förväntas jobba gratis medan skattepengarna rinner bort.

Långsiktiga strukturella satsningar som skapar förutsättningar för en yrkeskonstnär att driva företag på professionell nivå och slippa stå med tiggarbössan i hand är betydligt viktigare än punktinsatser. Har man ingen grundsten att bygga på så blir strukturen bräcklig och ohållbar.

Det är inte bara i konstnärens intresse att driva på implementeringen av MU-avtalet. Alla kulturkonsumenter, politiker, tjänstemän och rättskaffens medborgare kan ta reda på hur det är ställt med avtal, arvoden och upphovsrättsliga ersättningar. Om de inte följs kan man skriva medborgarförslag och motioner samt prata med pressen.

Art at Work

Jag hade egentligen tänk kalla det här konceptet konst på jobbet men eftersom det används i andra sammanhang så blir det bara förvirrat. ART AT WORK klingar dessutom bättre. Sverige har ju förskräckligt krångliga skatteregler för inköp av konst till företag så det är i stort sett bortkastad tid att försöka kränga våra verk till arbetsplatser. Men hyra, eller leasing, av konst är en avdragsgill utgift för företag. KRO/KIF har en avtalsmall med rekommenderade arvoden, baserat på konstens värde. Men det blir krångligt att hela tiden räkna hyran utifrån vilka verk som ska vara med vid varje tillfälle. Det är svårt at sälja in ett koncept där man svamlar om kostnaden.

Den här boken är en enda lång livsforskning i hur man kan få det att fungera. Det finns ett hyrföretag av konst som heter Little VanGogh som är verksamma i flera EU-länder. Jag vill ju så gärna ut i världen så jag kontaktade dem. De har ett enkelt och framgångsrikt koncept för att hyra in konst till företag. De väljer noga ut sina konstnärer, och deras konst, så att verken ska passa in i företagsmiljö. Om företaget väljer att anlita Little VanGogh så får de 10 konstverk att hyra. Konstnären skickar in 11 verk så att det finns en i reserv vid försäljning. De begränsar storleken och typ av verk så att transport och hängning blir någorlunda rationell. Men det absolut smartaste är den fasta kostnaden för hyra av tio verk. Det blir enkelt för företaget att fatta ett beslut, de vet exakt hur mycket det kommer att kosta.

Efter många och långa epost mellan mig och Little VanGogh där de valt ut konstverk, och vi diskuterat villkoren och hur allt skulle fungera, kom de på att det kunde vara lite krångligt med transport mellan Sverige och de länder de är verksamma i. Så efter allt jobb vi lagt ner tackade de nej. Som sagt, vi konstnärer lägger mycket tid på sånt som i slutändan inte ger resultat. Men, så började jag fundera, skulle jag kunna göra något liknande på egen hand, med min egen konst, på lokal nivå. Varför inte.

Så här kommer konceptet ART AT WORK (det är bara att byta ut mina uppgifter till dina):

En ny tjänst från Eva Dillner i Eksjö. Konstnärligt uttrycker jag mig via den abstrakta expressionismen, där både känslor och andlighet spelar en betydande roll. Internationellt yrkesverksam konstnär och författare med eget företag. Abstrakt måleri på ert företag. Tavlor i olika storlekar uppspända på kilramar, akryl på duk.

- Hyr 10 konstverk för 2 000 kr per månad. 25% moms tillkommer.
- Hängning och nedtagning ingår.
- Företaget anordnar gallerilinor eller lämpliga krokar/spikar.
- Under hyrperioden ansvarar företaget för förlust eller skada som uppstår på konstverk.
- Fakturering kvartalsvis.
- Byte av konsten för nya verk 5 500 kr plus 25% moms inom Höglandskommunerna (alternativt inom 5 mils radie, justera omhängningspriset för större avstånd, använd KRO/KIF:s arvodesrekommendationer)
- Läs mer och se konsten på evadillner.com

Ett kontrakt blir ju lite mer utförligt än ovan. Vi som är med i KRO/KIF har tillgång till en basmall som vi kan anpassa efter eget behov. Jag funderade en hel del på det här med byte av konst. Det är ju det som kan sluka mycket tid. En del vill säkert byta ofta, en del kanske hellre vill ha samma verk en längre period. Genom att separera ut kostnaden för en halvdags uppdrag i närområdet springer jag inte runt gratis och byter konst. Förhoppningsvis är det här konceptet lättare att sälja in och definitivt lättare för företaget att veta vad det kostar. Via de lokala näringslivsbolagen når vi enklast ut till de lokala företagen.

Var och en kan ju fila på sin pitch som passar de lokala företagen och konstnärens personlighet. Allt från samtidskonst till framtidens budbärare, ge era anställda en upplevelse, man kan knyta ihop det med Jubilarens val, visa upp den lokala konstscenen för era kunder... som sagt möjligheterna finns där. Om det finns en struktur för konstnärsdrivna projekt där du bor så kan man ju gå samman och skapa både synergi och ett bredare utbud. Efterlyser ett Konst i Småland.

Gallerister och konstagenter

Riktiga gallerister är svåra att hitta numera. Hyrgallerier finns det gott om, men riktiga gallerister som representerar konstnärer verkar vara ett utrotningshotat släkte. Svenska Galleriförbundet har i dagsläge 41 medlemmar enligt hemsidan galleriforbundet.se. Det kan ju finnas fler som uppfyller kriterierna för seriöst galleri, men hur hittar man dem? Hur som helst har Svenska Galleriförbundet tydliga regler för medlemskap och det är viktigt att förstå skillnaden mellan en riktig gallerist och ett hyrgalleri, både för konstnärer och köpare av konst. Så här står det på förbundets hemsida:

"**Svenska Galleriförbundet** är ett rikstäckande förbund för konstgallerier i Sverige. Förbundet har som uppgift att främja galleriernas roll på konstscenen och att bevaka medlemmarnas gemensamma intressen i kulturpolitiska frågor. Vidare arbetar förbundet aktivt med att informera om galleriernas arbete och strävan att skapa och utveckla en marknad för såväl unga, oetablerade som redan etablerade konstnärer på en svensk eller internationell konstscen. Få konstnärer eller konstnärsgrupper har nått erkännande utan att representeras eller stödjas av ett galleri. Utställningar på museer och konsthallar skulle försvåras betydligt utan det långsiktiga arbete som ett galleri kontinuerligt gör för att lyfta fram enskilda konstnärskap.

Svenska Galleriförbundet arbetar för att konstmarknaden ska präglas av ett långsiktigt tänkande och värna om både det konstnärliga och ekonomiska värdet. Medlemmar i Svenska Galleriförbundet tillhandahåller information om konstnärer och borgar för kvalitet i utställningsverksamhet och proveniens. I fokus står konstnärlig integritet, expertkunskap och engagemang.

Av medlemmar i Svenska Galleriförbundet krävs ett seriöst och förtroendefullt samarbete med utställande konstnärer i enlighet med de stadgar och normer som förbundet har upprättat. Detta innebär att:

- Galleriets huvudsakliga uppgift är att skapa en dynamisk plattform för att marknadsföra konst till en bred publik. Detta sker bland annat via en varierad utställningsverksamhet, men också via deltagande i konstmässor, samarbeten med museer och konsthallar såväl i Sverige som internationellt.

- Galleriet får inte debitera konstnären hyra eller garantibelopp. Grundprincipen skall vara att risken delas mellan konstnär och galleri.

Medlemmarna i Svenska Galleriförbundet kan ofta erbjuda kvällsvisningar för exempelvis konstföreningar som har svårt att besöka gallerier dagtid. Kontakta gallerierna direkt för förfrågan. Betalning för konstverk kan i vissa fall delas upp över en tidsperiod, eller skjutas till nästa budgetperiod. Överenskommelser sker direkt med det berörda galleriet.

För att kunna bli medlem i Svenska Galleriförbundet krävs att Ni drivit galleriet i minst två år, har ett förtroendefullt och seriöst samarbete med utställande konstnärer samt att ni arbetar enligt våra normer (se ovan). Er ansökan ska också rekommenderas av tre gallerister som varit medlemmar i galleriförbundet i minst två år.” galleriforbundet.se

Som vi redan sett för konstnärer är det stor skillnad mellan yrkeskonstnärer, fritidskonstnärer och hobbykonstnärer. Samma sak gäller i gallerivärlden. När galleriet uppfyller kraven ovan är de värdiga namnet gallerist. Om man har turen att bli representerad av en riktigt gallerist är det en långvarig relation. De tar sig inte an en konstnär för dagen, utan väljer noggrant ut de konstnärer som passar in i stallet och kan vara av intresse för kundkretsen. Det tar tid att bygga upp en galleriverksamhet, tio år är inte ovanligt innan kundkretsen är etablerad och ryktet av gedigna utställningar cementerat med konstnärer som håller måttet.

Galleristen blir ju också en konstagent, som inte bara säljer konsten men också förmedlar uppdrag till gagn för både konstnären och galleristen. Kontrakt kan vara exklusiva eller inte. Innan man skriver på ett exklusivt kontrakt är det viktigt att tänka igenom innebörden och förstå konsekvenserna av vad exklusiviteten berör. Är den geografisk? Ensamrätt att representera all produktion? Vad händer om man vill säga upp kontraktet? På KRO/KIF får vi medlemmar hjälp att sortera begreppen och sätta oss in i vad vi skriver på innan bläcket sätts på pränt.

Det finns även frilansande konstagenter som inte driver galleriverksamhet. Som med allt annat i den här boken har jag gjort äkta livsforskning även här. Under det senaste halvåret har jag tillsammans med den blivande agenten (i ett annat land, vem sa att det skulle var enkelt?) vaskat fram kontraktsmall och skäliga villkor. Det gäller att tänka igenom vad man vill och vad man förväntar sig. När konstagenten är frilansare utan galleri ligger en skälig provision på 15-20%. För en gallerist ligger provisionen högre, mellan 30-50%. Allt över 50% anses synnerligen oskäligt.

Pitcha idéer och projekt

Visste du att runt 80% av bildkonstnärer är dyslektiker? Statistiken kommer från en konstnär som frågade runt bland kollegor på KKV, KRO, KC och Skulptörförbundet. De flesta hade valt att uttrycka sig med bild och form på grund av ordblindhet. Då känns det riktigt orättvist att så många ansökningar kräver en ordförmåga som på något sätt ska förmedla det som redan sägs i bild och form. Även om jag har ett försprång som författare och konstnär, tycker jag det är svårt att sätta ord på vad jag förmedlar med min konst. När jag målar är det inte ord-delen av mitt väsen som skapar, det är något helt annat tillstånd. Hur kan jag begränsa det till ord?

Presentationer kan göras på många olika sätt. Vi tar in och förmedlar information via olika kanaler. En del av oss kommunicerar bäst via synen, vi vill se och kunna läsa, vi använder ord som se, titta, kika och läs. Våra ord är som ett bildspråk, vi pratar visioner och ser du vad jag menar. Detta kallas visuell och när vi söker i minnet tittar våra ögon uppåt. En del av oss kommunicerar bäst via hörseln, vi pratar gärna i telefon, lyssnar på ljudböcker, vi tar in och förmedlar information via det vi hör. Vi använder ord som lyssna, hör på mig, det låter som, allt handlar om ljudupplevelser. Vi vill gärna sätta oss ner och prata igenom. Få höra vad du säger. När vi söker i minnet går ögonen sidledes och detta sätt att kommunicera kallas auditiv. En del av oss vill kunna ta på informationen. Vi vill känna både fysiskt och känslomässigt, kunna bläddra i katalogen för att ta in budskapet. Vi använder ord som känsla, fysiskt, konkret, handfast men även emotionella termer som upprymd och nedstämd. När vi letar i minnet ser vi neråt och detta kallas att vara kinestet.

Vi använder förstås alla metoderna, men har oftast en förkärlek för en eller två. Så när vi ska presentera idéer för varandra så blir det lätt kommunikationsproblem. Om jag är visuell så är chanserna stora att jag skickar allt digitalt. Om mottagaren är auditiv vill de höra vad jag har att säga, medans en visuell mottagare bara blir störd av att telefonen ringer. De som är kinesteter vill träffas och kunna se och ta på materialet och känna in hur personkemin och konsten fungerar. Det är ett under att vi klarar att kommunicera överhuvudtaget. Nu har vi förstås ingen aning om hur mottagaren är funtad, men vad jag vill leda fram till är att det är bra att vara medveten om när man ska sätta ihop presentationer, så de fungerar för olika typer av kommunikationspreferenser. För alla som begär in ansökningar så tänk på att efterfråga ett "språk" som är relevant för det som ska utföras. Nedan några exempel på sätt att lyfta fram idéer och projekt.

20x20 presentation

Vid den här tiden i fjol var jag febrilt sysselsatt med att sätta ihop en 20x20 presentation som skulle framföras på Konstnärscentrum Väst. De hade bjudit in kommuner, offentliga förvaltningar, arkitekter och byggföretag, Svenska kyrkan, konstintresserade, konstföreningar, konstnärer samt KC:s konstkonsulter, styrelse, utställningsgrupp och medlemmar så vi medlemmar kunde presentera oss på ett lite annorlunda vis än genom pärmar med bilder och text.

Det var några arkitekter i Japan som blev trötta på de ofta långa och sega presentationerna vid projekt som kläckte idén att man kan sammanfatta allt i 20 bilder med 20 sekunder per bild. Presentationerna blir då 6 minuter och 40 sekunder. Det tvingar talaren att fokusera, plocka fram det väsentliga, banta ner orden...

Det var faktiskt mer jobb än jag trodde. Men en mycket bra övning. Vad vill jag förmedla? Vad är viktigt? Vilka är de vanligaste frågorna jag får? När man sätter ihop en 20x20 presentation får man med det visuella, det auditiva och när det görs live även det kinestetiska. Man kan välja att pitcha en utställningsidé, sitt konstnärskap, hur man skapar, en speciell process, berätta om en resa från inspiration till verklighet, ja möjligheterna är oändliga.

För att skapa bildspelet kan man använda PowerPoint, har man Mac är Keynote betydligt smidigare och lätt att lägga på ett ljudspår för upplägg på hemsidan. I båda programmen lägger man in texten till varje bild så har man hela presentationen på ett bräde.

Video

Tekniken har ju förenklats så nu kan vem som helst skapa video. Jag har ännu inte gjort detta men känner flera konstnärer som är duktiga på att videofilma sina utställningar, antingen med eller utan kommentarer, eller som skapar video utifrån stillbilder som de sätter ihop till en film med musik och/eller ord. Bildspel och video är ju ett förträffligt sätt att berätta utan ord. De flesta hemsidor klarar lätt att lägga in video, det blir en helhet som är lätt att ta till sig, och för den ordblinde ett harmonisk sätt att berätta om sitt konstnärskap.

Storytelling

I stället för att spalta upp en CV kan man berätta som en saga, göra en liten novell att sitt konstnärskap. Det har blivit populärt bland företag att berätta om sig själva via storytelling. I stället för sedvanlig reklamtext berättar man om sig själv, en händelse, en upplevelse, eller hur man blev konstnär. Det blir oerhört mycket mer poetiskt och intressant att börja med

"Jag kom till världen en kall och vintrig decembernatt. Att jag skulle bli konstnär, var kanske redan då skrivet i stjärnorna. Men det tar tid att skapa en konstnär."

än

"Född 1952..."

Med storytelling fångar man in läsaren så de lättare relaterar till det man gör eller den man är. Storytelling är bra att använda som PR, journalister kan i stort sett kopiera texten när de gör reportage, speciellt om berättelsen är skriven i tredje person. Jag har blandade känslor om att skriva i första (jag) och tredje (hon) person och märker att jag skiftar fram och tillbaka. Det får inte bli för enahanda.

Kataloger, broschyrer och visitkort

Vid större utställningar skapas ofta kataloger. Även om arrangören står för layout och tryck, är det oftast konstnären som skapar grundmaterialet. Högupplösta foto av konstverken, en bra profilbild, och så texten som i 100-300 ord beskriver vem man är och vad man gör. Varje utställning och projekt är ju specifik, så det går sällan att använda samma text. Det är som att börja om från början om och om igen. De tryckta katalogerna imponerar, så spara alltid och ta med vid personliga presentationer och utställningar. Lägg upp en digital version på din hemsida, min statistik visar att kataloger får många klick. Förmodligen handlar det om att man alltid vill veta mera, se mer bilder, läsa mer om konsten och konstnären. Det är en utmaning att skriva texter i olika format och längder. På många sätt är det lättare att svamla på än att koncist föra fram ett budskap. Hur sjutton ska man få med det väsentliga utan att tappa bort sin själ?

Broschyrer är ju ett annat sätt att berätta om konsten och konstnären. Man kan i ord och bild förmedla ett budskap som på ett överskådligt sätt visar vem man är och vad man gör. Före hemsidornas tid var en broschyr nästan nödvändig, idag är det vanligast att visitkortet hänvisar till hemsidan. Det kostar ju att trycka upp broschyrer och av alla som plockar hem dem är det få som sparar informationen. Tyvärr.

Visitkort kan man enkelt skapa via VistaPrint och andra online tryckerier. Man kan klämma in tillräckligt med information och kontaktuppgifter, få med det väsentliga, och det till en rimlig kostnad. Jag har oftast valt den billigaste varianten, men nu senast valde jag att ladda upp en bild på mig och konsten och betalade extra för fin finish. Det var det värt, jag märker att folk reagerar annorlunda. Jag tror det är kombinationen att bilden förmedlar vem jag är som konstnär och god tryckkvalitet.

Stipendier

Det skulle vara omöjligt att lista alla stipendier som finns för konstnärer och projekt. Det verkar ha varit lättare för politiker att besluta om stipendier än riktiga arvoden för konstnärliga insatser. Men förändringens vindar blåser, om än brisen är svag så är den stadig. Fram tills för bara några år sedan fanns konstnärslöner, en statlig inkomstgaranti för konstnärer "för konstnärlig verksamhet av hög kvalitet och stor betydelse för svenskt kulturliv". Ett begränsat antal konstnärer omfattades av den livslånga garantin. Sedan 2010 tillkommer inga nya konstnärslöner, allt eftersom medel frigörs i systemet, kommer de att överföras till formen långtidsstipendier.

När man är ung och lovande är stipendierna av naturliga skäl mer tillgängliga och man har större chans att få dem. Men vad händer när jag inte längre är ung och lovande, hur ska jag försörja mig själv då? Så funderade en kollega som just fyllt 40, vad gör jag nu? Då gäller det att MU-avtal och utsmyckningsuppdrag görs med skäliga villkor. Det är kanske inte så bra, att konstnärer från högskolorna lotsas in i stipendievärlden. Vore det inte bättre att lotsa in dem i hur man bygger en yrkesbana med uppdrag och utställningar, att man redan från början kan MU fram och baklänges, man vet exakt vad som ska ingå i en upphandling, man förstår sina upphovsrättsliga tariffer - allt för att kunna ägna sin tid åt en konstnärskarriär utan att behöva ta ströjobb vid sidan om. Men än så länge fyller stipendier en stor roll i en konstnärs liv.

På de konstnärliga högskolorna får eleverna sista terminen information om hur de kan söka bidrag, starta företag med mera. Men den informationen är till stor del färskvara, om några år har tekniken förändrat hur det hela går till.

Fristående kurser i att pitcha idéer, projekt, utställningar och framförallt att skriva framgångsrika ansökningar vore önskvärt att ha. Det vore också ett ypperligt tillfälle att skapa kontakter och nätverk. De som dyker upp på kurserna är ju de som vill något, har lite drive att skapa nya möjligheter. Dem vill jag lära känna. Det finns dessutom ett stort värde i att göra saker tillsammans. Om jag har en god idé och du har en god idé och vi delar med oss har vi nu två goda idéer. Genom möten skapas nya möjligheter, nya konstellationer och framtidsvisioner.

Det är inte bara de stora instanserna som ger ut stipendier. Det finns mängder med mindre stipendier av olika slag. För inte så länge sen sökte jag ett vistelsestipendie i en mindre kommun. Vi var 72 sökande för ett stipendie på 10 000 kr och två veckors vistelse i kommunen. I min research är det ett återkommande tema, konstnären skickar in mängder med ansökningar, med minimala chanser att få ett ja. Det krävs en enorm byråkratisk uthållighet som systemet ser ut idag. Tänk om vi kunde lägga tiden på skapande, utställningar och projekt i stället för att fylla i blanketter? Som aldrig är standard... skulle ni inte kunna komma överens om en standard för bild- och textformat?

Konstnärsnämnden är en statlig myndighet under Kulturdepartementet som ger ekonomiskt stöd i form av stipendier och bidrag samt utvecklar konstnärers möjligheter till internationellt och interkulturellt kulturutbyte. Årsredovisningen för 2013 ger en bra sammanfattning:

"Inom bild- och formområdet finns många olika typer av stipendier och bidrag som avser att möta olika behov och situationer. Det kan vara arbetsstipendier på mellan ett och upp till sammanlagt tio år, projektbidrag för större konstnärliga projekt och assistentstipendier för konstnärer i början av karriären. Inom ramen för det internationella programmet Iaspis finns möjlighet att delta i ateljéprogram i Sverige eller utomlands samt bidrag till internationella kulturutbyten.

Stipendieformerna kompletterar varandra och fyller en funktion i bild- och formkonstnärernas olika delar av karriären. Aktivast när det gäller att söka stipendier och bidrag är personer födda på 1970-talet, därefter kommer de födda på 1980-talet. Sjuttiotalisterna är den grupp som får flest bifall och andelen bifall inom gruppen är också större än jämfört med andra åldersgrupper. Hela 94 procent av dem som beviljades ett arbetsstipendium 2013 hade examen från en konstnärlig högskola. Många är runt 30 år när de är färdigutbildade och det är då, i början av karriären, som många är i behov av stipendier och bidrag för att etablera sig. Störst åldersspridning är det bland dem som söker arbetsstipendium, där ansökningarna fördelar sig ganska jämnt mellan olika åldersgrupper fram till den traditionella pensionsåldern, då antalet ansökningar kraftigt minskar. Antalet ansökningar inom internationellt kulturutbyte och utlandsateljéer visar en minskning redan efter 40 års ålder. Assistentstipendiet har flest sökande under 30 år."

Antalet beviljade ansökningar i förhållande till antalet sökande ligger i runda siffror mellan 7-18 procent. Men det lönar sig att fortsätta söka även om man får avslag. Underskatta inte namnigenkänningsfaktorn, som ofta är en undermedveten handling att se det man känner igen. Se inte avslag som bortkastad tid, man vet aldrig vem som sparar ens uppgifter - helt plötsligt kommer förfrågan om något helt annat, bara för att du visat framfötterna tidigare.

Konstnärsnämndens fokus är konstnärerna och de som gör bedömningarna är konstnärligt utbildade. Eftersom de har så många stipendier och ansökningarna går via webben är de rätt konsekventa i sin hantering av text och bild, och det underlättar ju för oss sökande. konstnarsnamnden.se

På Konstnärsnämndens hemsida hittar man även länkar till andra bidragsgivare:

Nationella

- Arvsfonden
- Kulturbryggan
- Kulturrådet
- Statens musikverk
- Svenska filminstitutet
- Svenska Institutet
- Sveriges Författarfond
- Tillväxtverket
- Vinnova

Regionala och lokala

- Fonden för innovativ kultur
- Västsvenska kulturfonden

Internationella bidragsgivare

- EU:s kulturprogram
- Kulturkontakt Nord
- Nordiska bilaterala fonder i Sverige
- Nordisk kulturfond
- Unesco - Aschberg fonden

Övriga fonder och stiftelser

- Konstakademiens stipendier
- Konstnärernas hjälpfond
- Makarna Cederström_Wallengrens stipendiefond
- Längmanska kulturfonden
- Postkodlotteriets kulturstiftelse

Eftersom länkar hela tiden uppdateras och stipendieinriktningar ändras är det inte säkert att ovan information är av bestående art, men då ger en sökning på nätet snabbt nya svar. Kulturrådet har också en samlingssida med mer utförlig information. Där kan man också beställa publikationer och prenumerera på nyhetsbrev.

Kulturrådet är en myndighet under Kulturdepartementet och har till uppgift att, med utgångspunkt i de nationella kulturpolitiska målen, verka för kulturens utveckling och tillgänglighet genom att fördela och följa upp statliga bidrag och genom andra främjande åtgärder. Kulturrådet står bakom projekt som Skapande Skola och de administrerar bidrag för organisationer, utställningsarrangörer, kollektivverkstäder, utställningsersättning, utställningsgarantier, konsthantverkskooperativ, internationella samarbetsprojekt, internationellt mobilitetsstöd samt litteraturstöd. Här är det mer fokus på grupper och organisationer och mindre på individuellt stöd.

Fler stipendier

- Palmestipendiet
- Folke Bernadottes Minnesfond för internationellt utbyte
- IRIS stipendiet Stiftelsen har till ändamål att stödja utbildning av ”framåtsträvande kvinnor”
- Helge Ax:son Johnsons stiftelse
- Dynamostipendiet

Lägg därtill alla **kommuner, landsting och regioner** som delar ut stipendier. En sökning på nätet ger dig oändliga möjligheter att söka medel för just ditt projekt. Även KLYS har en bra samlingssida med stipendier.

Eftersom det är främst skattemedel som delas ut finns ofta krav på icke kommersiell verksamhet. Det vill säga du kan få stöd att ställa ut på ett statligt eller kommunalt museum utomlands, men inte för att ställa ut på privat galleri. Det handlar nog om att det är känsligt att gå in med bidrag till privata företag med risk för snedvriden konkurrens. Om man är lite smart letar man efter rätt typ av samarbetspartner för sina projekt. Och så bör man läsa på KRO/KIF:s Konst på Export.

Press och Media

Jag minns hur oerhört nervös jag var när första stora artikeln skulle publiceras i tidningen. Ett helt uppslag på två sidor. Skakis var bara förnamnet. Men som tur är har jag kloka vänner "oavsett om det är bra eller dåligt, så har folk glömt det efter två veckor" fick jag höra. Jag drog en lättnadens suck och slappnade av. Artikeln blev förresten riktigt bra. Under årens lopp har det blivit en hel del intervjuer i dagspress, tidskrifter, radio och till och med TV. Som konstnär är det gratis PR att synas i media. Det journalisten väljer att fokusera på stämmer inte alltid överens med ens egen agenda, men det är bara att acceptera. I början bad jag alltid att få läsa eller att de ringde och läste upp artikeln, så jag kunde faktagranska. Det är lite känsligt det där. Man bör inte gå in och ha synpunkter på vad de skrivit eller hur de porträtterat en, men att korrigera fakta är helt ok. Det är heller inte alltid populärt att man frågar om faktakoll, man får känna sig fram. Med tiden har jag släppt en del kontrollbehov att det måste bli 100% rätt och låter det bli som det blir. För det mesta blir det riktigt bra.

När vi och vår konst syns i media, finns det upphovsrättsliga ersättningar som du behöver vara medveten om. Visas din konst på TV eller i en film? Kontakta BUS om just den kanalen ger ersättning, fyll i blanketten och vänta på pengar att trilla in. Om dina verk varit med i dagspress, tidskrift eller bok finns något som heter IR, Individuell Repografiersättning, som också administreras av BUS. Du skapar ett konto på hemsidan och rapporterar sen in successivt artiklar och böcker där dina bilder visas. Jag önskar jag känt till IR tidigare, jag har gått miste om en hel del i ersättning, för man kan inte få det retroaktivt.

På min hemsida har jag samlat alla reportage med länkar på en egen sida Press. Det är ju bra för ens egen skull att ha koll på vad man gjort, men det har betydelse när man söker nya möjligheter. Det är bara en sak som till exempel en gallerist tittar på. En konstnär som är medievan och har många pressklipp är lättare att marknadsföra än någon som inte syns alls på nätet. Det har hänt mig åtskilliga gånger att någon Googlat mig innan ett möte och blivit imponerad av hur mycket som kommer upp - det ger mig ett försprång, jag börjar inte från noll utan som en etablerad offentlig person.

Kom ihåg att inte alla mediaföretag tillåter att du publicerar deras material på nätet, då får man nöja sig med att bara lista var-när-hur.

Journalister letar alltid efter en story, en rubrik, något som är intressant för allmänheten. Journalisten är inte alltid från Kulturredaktionen, det kan vara svårt att veta var man ska börja. Hur mycket kan de om konst och just det jag sysslar med. Ingen intervju är den andra lik. Ibland har de med en fotograf, ibland fotar de själva. Ibland blir bilderna kanon och ibland vill man bara sjunka genom golvet när man ser dem. Vi har ju alla en uppfattning om hur vi borde se ut. En del journalister spelar in samtalet, en del skriver stolpar med stenografi, andra lyssnar mer än de skriver, en del vill ha med sig tryckt material och en del plockar text från din hemsida. Nästan alltid kommer en fråga som man inte förväntat sig... och för oss som behöver tänketid kan det kännas svårt att på stående fot svara på något man inte ens funderat över.

För att skapa mediaintresse kan man skicka ut pressmeddelanden, antingen till sin egen maillista eller via kanaler som MyNewsdesk eller PRLog. Båda sajterna har gratiskonto för basanvändning, som passar en konstnärs budget. MyNewsdesk började som en svensk sida, men har expanderat till utlandet. PRLog är baserad i USA så mer lämplig för internationella händelser.

För praktiska tips att skriva ett pressmeddelande eller en debattartikel finns Westanders pr-handbok på nätet. Den kan även beställas gratis i tryckt format. På Westanders sida hittar du även tips inför mötet med journalisten eller beslutsfattaren. Många av tipsen är användbara för konstnären som vill nå ut i medierna.

Ett pressmeddelande kan delas upp i några enkla delar. Rubriken ska fånga läsarens intresse. Den ska helst förmedla något om vad pressmeddelandet handlar om. Ofta har man även en underrubrik som förstärker budskapet. Man ser ju också hur journalisterna snitslar till det 'Tio länder och 1 400 mil' blir oerhört mer lockande än 'Eva Dillner på föredragsturné'. Därefter kommer ingressen, ett inledande stycke på några få meningar som är en sammanfattning av själva meddelandet. Det är här redaktörerna sållar, låter det intressant så läser de vidare, annars klickas det bort. Pressen tröskar igenom oerhörda mängder med information så det sållas rätt hårt. Därefter själva meddelandet som generellt ska rymmas på en A4, det får inte vara för långt. Ju mer man tränar ju bättre blir man förhoppningsvis på att vinkla till det så intresse uppstår. Därmed inte sagt att man ska köra sensationsstuket, visst får den typen av konstnär uppmärksamhet och det tycker jag är oerhört synd, jag skulle hellre se journalistiken rapportera om den seriösa sidan av vårt yrke. Avslutningsvis kommer "boilerplate" och kompletta kontaktuppgifter. Det som kallas boilerplate är helt enkelt en standard "om oss" eller "om konstnären" som sammanfattar vad man är och vad man gör. Den ska ge en överblick eller inblick till personen och företaget bakom pressmeddelandet. Avslutningsvis kompletta kontaktuppgifter, journalisten ska inte behöva leta för att få tag på dig.

Till sist en icke komplett lista över tidskrifter och hemsidor om konst:

- Konstperspektiv konstperspektiv.nu
- Konstvärlden konstvarlden.se
- Konstnärer skriver om konst omkonst.com
- Nättidskrift om samtidskonst konsten.net
- Paletten paletten.net
- Konstnären är KRO/KIF:s medlemstidning.
- Konstkalendern Art Guide konstkalendern.se

Svenskt konstnärslexikon är ett samlingsverk över svenska konstnärer och konsthistoria som gavs ut i fem band av Allhems Förlag AB 1952–1967. I nutid finns ingen liknande resurs.

Dagens sensation eller framtidens budbärare?

Jag är ingen konstvetare men helt klart har begreppet konst förändrats under tidens gång. Upplevelsen av konst är subjektiv och präglad av tiden vi lever i. En del konstnärer är framtidens budbärare. Under sin livstid är det få som ser betydelsen av deras verk, men långt efter de lämnat jordelivet hyllas konsten som banbrytande. En del konstnärer blir populära i sin egen tid och förpassas till glömska kort därefter. Andra konstnärer når berömmelse under sina skapande år och fortsätter att hyllas under kommande århundraden. Och så har vi de som blir kända, inte för att de skapat bra konst, utan för att de skapat rubriker genom till exempel fejkade självmord eller nedklottrade tunnelbanevagnar. Uppmärksamheten blir stor och debattens fokus hamnar långt ifrån det majoriteten av konstnärskåren sysslar med. Tyvärr blir mediabilden rätt skev när sensation går före kvalitet och verkshöjd.

Även om pressen skriver en hel del om konst och konstnärer så får de sensationslystna alltför stor uppmärksamhet. När gemene man tänker konstnärer poppar bilden gärna upp av fejkade självmord, nedklottrade tunnelbanevagnar, tårtgate och en kulturminister i kläm. Den bilden gynnar inte oss när vi söker stöd och pengar för seriös konstnärsverksamhet. Fokus hamnar fel. KRO:s 75 år och betydelsen för konsten är ingen som minns, men att det blev bråk om tårta, det vet hela världen. Hur man ska lyckas med en förändrad mediabild vet jag inte, men det är i alla fall en önskan om ändrad riktning, att lyfta fram konstnärer som är mer representativa för oss. Där kvalitet går före provokation. Visst, konst kan vara politisk, den kan ha ett budskap, men den behöver inte vara olaglig. Att i smyg sprida ut kemikalier i ett vattendrag och kalla det konst har i alla fall jag svårt att förstå.

Dessutom börjar begreppet bild- och formkonst att bli så urholkat, att snart räknas allt som konst. Var hamnar vi då? Numera är det inte bara måleri, skulptur och foto som räknas. Nej nu har vi videokonst (kortfilm), performance (teater), ljusdesign (belysning) och ljudkonst (musik) för att ta bara några exempel. Hur kommer det sig att alla ska in och trängas på bild- och formområdet, där resurserna redan är så försvinnande små.

En del utställningar verkar också ha fastnat i sensationsfällan. Välj ut så många udda saker det bara går. En förvirrad publik undrar varför är det så mycket konstigt som visas. Måste det vara fult och obegripligt? Gör det att besökarna lockas till en djupare förståelse av konst? Har den klassiska konsten tappat värde? Där vi hyllar konstnären som utvecklar sin skicklighet, sin förmåga att få fram djup, ljus, ta oss till nästa nivå, där kvalitet och verkshöjd får betydelse. Där hållbarhet är en viktig del i konstnärskapet. Om hundra år är den fortfarande intressant.

Destinationsutvecklare tävlar med installationer och happenings för att locka turister. Handlar det om konst eller upplevelseturism?

Det som är kommersiellt gångbar konst idag är kanske inte framtidens budbärare. Men hur vet man det? Att vara banbrytande och våga visa det som kan vara framtidskonst, vem gör det? Kommer framtidens budbärare in på den offentliga konstscenen idag? Funderar man på varför de kan komma att ha betydelse för framtiden? De som hyllas idag kommer någon att se dem om 100 år? Består värdet av deras konstnärskap till eftervärlden? Konsthallschefer, konstföreningar och gallerister har stor makt. De som väljer konsten präglas av tidens trender och egen smak.

Varför är hon eller han så stor? Den frågan dyker upp då och då när etablerade konstnärer ställer ut på de stora arenorna och hyllas till skyarna av kritiker och konsthallschefer. Besökarna kanske finner utställningen obegriplig och obehaglig, den känns varken spännande eller bra. Vem bedömer - är konstnären stor för att kritiker och intendenter säger så? Publiken, vad tycker de? Bedömningen är ju oerhört subjektiv, men visst är det viktigt att allmänheten får känna och tycka annorledes än eliten.

När begreppet konst blir så utspätt och utspritt att vad som helst kan kallas konst, ja då tappar det lätt betydelse. Vem som helst kan ju vara konstnär. Då räknas det inte heller som ett riktigt yrke. Det hjälper oss inte att framstå som seriösa.

Får jag bara tycka det är vackert? Hur ska jag se på det? Måste jag förstå konst? Är det nödvändigt att sätta ord på min upplevelse? Konstföreningar har ju som uppdrag att vara konstbildande. Skulle de kunna spela en större roll i samspelet mellan allmänheten och de offentliga rummen? Om konstföreningens ekonomi inte räcker till att betala konstnärerna enligt MU-avtalet, varför inte lägga ner utställningsverksamheten och fokusera på den konstbildande aspekten med besök på de offentliga konsthallarna som programpunkter. Möt upp med konstnären och intendenten, skapa dialog, se på konsten, och passa på att köpa in till sina lotterier. För inte så länge sen var jag på en konstförenings utställning. Det gladde mig otroligt att de satsat på några väl etablerade och skickliga konstnärer, med priser därefter. Ett verk kostade runt 50 000 kronor, den var helt enkelt underbar, en sån målning skulle vem som helst vilja vinna. Konstföreningen köper årligen för mer än 100 000 kronor, så de skulle ha råd. Men oftast satsar de på att köpa in många vinster till lotteriet, väljer litografier i stället för originalverk, fler små konstverk än ett lite större, väljer att köpa från konstnärer med låga priser i stället för dyrare verk. Nu vet jag inte om konstföreningen köpte in målningen som alla pratade om, men man kan ju alltid hoppas. Jag tror det gynnar hela konstsfären om man satsar på färre verk med högre kvalitet.

Det visas mycket bra konst på konsthallar och museer i vårt avlånga land. Men får den uppmärksamheten den förtjänar? Lockar man besökare med fördjupande samtal med konstnären eller får man en chans att se konstnären måla live, som i sin tur öppnar upp en helt ny dialog med allmänheten. Är media på plats och rapporterar på ett djupare plan om konsthändelsen just nu, just här? Mycket av kulturpolitiska satsningar handlar om att det ska finnas estetiska utbildningar i skolan, att alla barn ska kunna gå i kulturskola, lära sig måla, spela instrument och dansa. Det är kanske mer viktigt att alla barn får lära sig uppskatta kulturen, genom att besöka utställningar, teater, musik och dansuppvisningar samtidigt som de får en chans att träffa utövarna av kulturen.

Öppna ateljéer

Kärt barn har många namn. Oavsett om man kallar det öppna ateljéer, konstvandring, konstrunda eller -ronda, så har de blivit ett folknöje. När konstnärerna öppnar sina ateljéer får besökarna en chans att träffa konstnärer på hemmaplan. De kan se hur vi arbetar, de kan prata med oss och ställa frågor om hur vi skapar, tänker och känner. De får uppleva konst både i skapande process och färdigt skick.

Lokala evenemang som Öppna ateljéer och Jubilarens val är händelser som satt kommuner på kartan. Att öppna ateljéer främjar både turism och näringsliv är det fler och fler regioner som insett. Ett mycket gott exempel är Jämtland-Härjedalens KUL TUR öppna ateljéer och verkstäder som arrangeras av Hemslöjdskonsulenterna och Konstkonsulenten/Bildkonsten, vilka ingår i Länskulturen. De står för en proffsigt tryckt katalog, hemsidan, kartan och den alltmer betydelsefulla marknadsföringen. Konstnärerna ställer upp med sin tid och Länskulturen står för alla kostnader. Urvalet av konstnärer följer det som blivit branschpraxis för offentliga uppdrag - man behöver uppfylla samma inträdeskrav som till KRO/KIF.

På andra håll är det en förening som arrangerar den lokala konstrundan. Där varierar kriterierna för medlemskap enormt. Hur urvalet av konstnärer sker blir avgörande om konstrundan ska bli en bestående succé. På många håll är det framförallt fritidskonstnärerna som engagerar sig i den lokala rundan och finansierar kostnaderna via sina vanliga jobb. Där är det få yrkeskonstnärer med.

Tack vare sociala medier så ser man lätt hur olika konstvandringar uppfattas och kommenteras, hur välbesökta de är, och vad det är som gör att ryktet sprids. En genomgående tråd är att där medverkan kräver samma nivå som KRO/KIF kommer många kommentarer om att de öppna ateljéerna håller hög klass.

Det är inte bara turister och allmänheten som lockas till de öppna ateljéerna. Konstföreningar är flitiga besökare och inköpare på öppna ateljéer. När konstrundan håller hög klass är det en naturlig attraktion för turister och konstintresserade. Gallerister från när och fjärran eller inköpare från stat, kommun, landsting, företag och stiftelser dras till väl genomförda konstevenemang.

När offentlig sektor står som arrangör är det enklare att skapa samverkan mellan näringsliv och turism, det är inte bara konsten som profileras, även inbakat finns det caféer och restauranger, övernattning och kommunikationer. Det är destinationsutveckling på bästa sätt.

Hur beställer man ett konstverk?

Uppdrag och beställningar för konstnärliga utsmyckningar, installationer och större konstverk kan komma via ett antal kanaler, till exempel Statens konstråd, enskilda landsting och kommuner, Arbetsförmedlingen Kultur Media, Konstnärscentrum (som har ett uppdrag från AF Kultur Media att förmedla uppdrag), KRO/KIF, gallerister och konstagenter, konstkonsulenter eller konstkonsulter. Det gäller för en konstnär att vara inkopplade på alla kanaler och för beställarna att nå ut till de mest lämpliga konstnärerna för just deras uppdrag. Vi som är med i KRO/KIF, KC och AF Kultur Media får omfattande information om aktuella upphandlingar och uppdrag, men allt slussas inte den vägen.

Det är också många aktörer som jobbar med att ta fram riktlinjer för hur beställning av konst bör gå till, att samla så kallad "best practices" så det blir lätt för beställaren att göra rätt. I samtal med vår regions konstkonsulent framkommer att närliggande regioner samverkar, via processdagar med berörda aktörer såsom KC:s konstkonsulter (utbildade via AF Kultur Media), länens konstkonsulenter, konstansvariga inköpare, kulturförvaltningar, tekniska kontoret, politiker och även brukare såsom patientgrupper. Det är ju inte bara det konstnärliga perspektivet som måste beaktas, det finns många byggnadstekniska och brukarperspektiv att införliva i processen. Att fundera över hur platsen kan komma att användas i framtiden är en viktig pusselbit liksom hur man håller konstverket rent år efter år.

Konstnärsnämnden är ytterligare en resurs, som 2013 kom ut med boken *Ingen regel utan undantag - Enprocentregeln för konstnärlig gestaltning av offentlig miljö*. Boken kan man beställa gratis från Konstnärsnämndens hemsida och den ger en mycket bra insikt i hela processen. Alla som jobbar med uppdrag vare sig man är konstnär eller beställare, borde läsa boken.

KRO/KIF initierade ett projekt kallad Offkonst, eller Offensiv konst, som beviljades en pott pengar från KUN 2011/2012, men som ännu inte verkställts på grund av resursbrist. I projektet "Offensiv konst" förenas fyra viktiga konstnärsorganisationer - KRO/KIF, Skulptörförbundet och KC Syd, Öst, Nord, Mitt och Väst. Ambitionen var att "Projektet ska ta fram rekommendationer, mallar och verktyg för det offentliga konstområdet och skapa hållbara arbetsmodeller både ur konstnärens och beställarens perspektiv. Projektet ska använda detta som underlag för förhandling om rikstäckande standardavtal för upphandling av offentlig konst. Vidare avses projektet skapa underlag för utveckling av befintliga och nya tjänster på offentlig konstområdet såsom webbaserad upphandlings- och tävlingsservice.” Det hade kunnat bli så bra, men av ett antal olika skäl kom projektet aldrig riktigt igång, och avslutas 2014 med en analys av hur man förbättrar villkoren för offentlig konst.

Att det behövs gemensamma riktlinjer syns tydligt på alla mail och samtal till KC och KRO/KIF. Förtvivlade konstnärer som slits mellan att acceptera orimliga villkor och chansen att få ett uppdrag. Förvirrade konstansvariga på kommuner som vill veta hur de ska gå till väga - och då söker rådgivning från våra medlemsorganisationer - det är ju inte rimligt att den underbetalda konstnären ska finansiera den rådgivningen, men vart ska de vända sig? Det är ju bättre att de får hjälp när de vill göra rätt.

I de tidigare kapitlen Konst i vården, 1% till konsten och Offentliga upphandlingar, beställningar och direktinköp har jag redan skrivit om delar av processen. I väntan på gemensamma riktlinjer och mallar så har jag några enkla förhållningspunkter att ta hänsyn till vid beställning av ett konstverk eller en upphandling för konstnärlig utsmyckning:

- Gör det enkelt att anmäla intresse. Utförlig dokumentation kan skickas in senare för aktuella konstnärer.
- Använd branschpraxis för kvalifikation. F-skatt och uppfyller inträdeskraven för KRO/KIF.
- Var tydlig med vad som efterfrågas och vilka ytor som kan användas. Inomhus, utomhus, material som kan vara aktuellt?
- Om idéer eller skisser efterfrågas ska konstnären ha betalt. För en anställd kan 30 000 kronor verka mycket pengar för en skissidé, men det motsvarar bara 40 timmar för en F-skattad konstnär.
- Följ BUS tariffer och riktlinjer för upphovsrättslig ersättning. Om ni vill använda verket i broschyrer och affischer så ska konstnären ha betalt. Alltför många upphandlingar inkluderar ospecificerat nyttjande och där slits konstnären mellan att acceptera orimliga villkor eller avstå från upphandlingen. Trolla inte bort våra rättigheter!
- Armlängds avstånd för politiker. Oavsett hur intresserade av konst som politikerna må vara, är principen att de inte ska fatta beslut om konstens innehåll eller utförande.
- Låt alla få en chans, kräv inte att de redan ska ha tagit ner månen.

- En gemensam databas skulle förenkla livet för alla inblandade parter.

Ovan punkter är mina egna tankar, som sagt finns det många kockar i denna soppa...

Artist in Residence

Att arbeta som konstnär innebär många solotimmar. Vi är till stor del ensamvargar med starka introverta drag. Att få en chans att komma ut och träffa andra konstnärer och publik, att få skapa tillsammans och utbyta tankar, idéer och teknik blir ett välkommet intermezzo. Artist in Residence, eller kort kallat AIR, erbjuder just det. En kreativ och nyskapande oas, en möjlighet till nytändning och stilbrott, till nya nätverk och konstellationer, och framförallt energi att pulsa vidare i vårt kall.

Artist in Residence kan utformas på lite olika sätt. Oftast är de helt eller delvis finansierade via stipendier, stiftelser, offentliga medel, föreningar eller mecenater. Ibland får konstnären skjuta till medel själv, men då finns i alla fall i Sverige en möjlighet att söka stipendier. Ibland består AIR av att man får vistas i en ateljé på egen hand, ibland handlar det om större kollektiv, ibland är det i storstaden och ibland ute på vischan och naturen. En del Artist in Residence inbjuder allmänheten, det blir en interaktion mellan konstnärer och publik i skapande stund. En del AIR är enbart för konstnärerna och har inga prestationskrav, en del AIR avslutar med en gemensam utställning.

För de flesta Artist in Residence kommer man med via ansökan. En kommitté gör sedan ett urval så det blir en väl sammansatt skara för just detta tillfälle. Målsättningen med AIR kan variera och det påverkar vad man väljer att söka och hur. Många AIR återkommer år efter år. För en konstnär varierar det ju vad vi sysslar med, vi går igenom olika faser. En fas kan det vara mycket skapande, en annan fas blir det mycket uppdrag, nästa fas kan vara många utställningar på raken, och så behöver man det där mellanrummet som Artist in Residence erbjuder. AIR är ett ypperligt tillfälle att komma ut internationellt och är givande på så många plan. Jag fick chansen att vara med på en omvälvande resa till Indien med TellusArt, som jag i efterhand förstått var en enda lång Artist in Residence. Tillsammans med kollegan Mari Vedin Laaksonen skrev jag en artikel för tidningen SVEN, som börjar så här:

Jag står under mangoträden och målar i parken vid Prince of Wales Museum i Mumbai. Inne i galleriet hänger vår konst. Besökarna kommer i en strid ström, nyfikna på våra målningar och varför vi står just här. Som en av femton svenska konstnärer utvalda av TellusArt att delta på resan till Indien känner jag mig otroligt hedrad. Här står jag med gräddan av konstnärer från Asien och Skandinavien i en av konstvärldens huvudstäder. Och allt för ett gott syfte, att hjälpa vår planet. Just denna utställning och workshop har temat Protect Wildlife Heritage. Till invigningen kom Sveriges ambassadör Lars-Olof Lindgren och höll ett engagerande tal om naturen och konsten.

Jag kan lugnt säga att efterdyningarna gett en rejäl skjuts till min karriär. Inte bara via kreativ inspiration men också med helt nya möjligheter att nå ut på den internationella arenan. Och så alla nya vänner och kollegor, som tack vare sociala medier är lätta att hålla kontakten med. Tillsammans skapar vi nya projekt.

När vi strålar samman med andra konstnärer och skapar, när vi möter en annan publik, skapas det så otroligt många ringar på vattnet. Det är så värdefullt, inte bara för oss konstnärer, men besökarna blir exponerade till något nytt, något annorlunda, de får en chans att prata med oss i skapande stund, vi konstnärer lär känna varandra och nya samarbeten uppstår. För arrangören skapas det så mycket positiv energi att när de väl börjat så vill de fortsätta att skapa nya möten. AIR är ju också ett sätt för en region eller kommun att jobba med destinationsutveckling.

Genom vilka kanaler kan man hitta aktuella Artist in Residence? Nyhetsbrevet som KRO/KIF skickar ut innehåller oftast aktuella ansökningsmöjligheter. En mycket bra samlingssida och resurs är Res Artis: worldwide network of artist residencies. En annan bra webbsida är DutchCulture | TransArtists.

Inom Sverige är det många kommuner och regioner som satsar på Artist in Residence. Då är det viktigt att finansiera även konstnärens tid och inte bara boende och resor. Vill man ha yrkeskonstnärer måste man erbjuda villkor därefter.

Ta saker i egna händer

Jag har funderat lite på konstnärens primära inkomstkällor:

- MU-avtalet utställningar
- 1 % regeln för utsmyckningsuppdrag
- Upphovsrättsliga ersättningar
- Försäljning av lös konst
- Stipendier

Utöver det så finns det en hel del vi konstnärer kan dra igång på egen hand. Men det gäller att tro på sin kraft och förmåga. Som grabben som var måttligt intresserad av skolan och gick ut gymnasiet med medelmåttiga betyg. När han gjorde lumpen fick han lära sig att dyka. Där väcktes en glöd och han blev snabbt bäst i sin klass. Så skulle gruppen hjälpa till vid en arkeologisk utforskning av ett gammalt skeppsvrak. Där fann han sitt esse, "det är ju det här jag vill syssla med". Naturligtvis frågade han chefen för expeditionen, som lugnt svarade att en karriär i marinarkeologi, det kunde han bara glömma. För det första måste man ha doktorsexamen och för det andra finns det bara ett fåtal jobb. Sporrad av att det var omöjligt läste han upp sina betyg och lyckades komma in på den svåra universitetsutbildningen. Vid första föreläsningen gratulerade professorn alla som kommit in, men varnade att "av alla er som sitter här, så kommer kanske fem av er att någonsin få jobba som marinarkeologer". Vår unge man såg sig omkring och tänkte, jag undrar vilka de andra fyra är. Summan av kardemumman, han tog sin doktorsexamen och fick jobb på Riksantikvarieämbetet med just marinarkeologi. Så våga tro på det omöjliga. Kreativitet handlar ju om att utforska och göra misstag. De flesta riktigt framgångsrika människorna i världen har misslyckats rejält åtminstone en gång innan de hittat sin ådra.

Att ta saker i egna händer kan vara att skapa ett eget koncept, med kanske galleri, vandrarhem, café, kurser, en mötesplats... som förändras och utvecklas under tidens gång. Man kan skapa kollektivverkstäder, gemensamma ateljéer, gå samman för att hyra ut konst, göra gemensam sak med föreläsningar och kurser. Möjligheterna är oändliga och samverkan ger oss också styrka, vi är bra på olika saker.

Samtidigt behöver vi vara beredda att rida ut svackorna och svårigheterna. Motiverade nog att göra det tråkiga gnetet. Tröska oss igenom skitgörat. Även det roliga har trista delar. Vi får antingen acceptera villkoren eller välja ett annat liv.

Konstnärernas Arvsfond

Inspirationen för en Konstnärernas arvsfond kommer från flera håll.

Dels har vi ju den Allmänna arvsfonden, dit medel tillfaller från de dödsbon som inte har någon förmånstagare, alltså när det varken finns någon släkting närmare än kusin eller något skrivet testamente. Fonden skall verka för att med innestående medel främja verksamhet av ideell karaktär till förmån för barn, ungdom och personer med funktionsnedsättning och förvaltas av Kammarkollegiet.

Dels från hur Nobelstiftelsen fungerar. Tänk att Alfred Nobel var så visionär att han skapade en struktur som stått sig väl under åren och som kommit att betyda mer än något annat pris för de som vinner. Vi i Sverige kanske inte förstår just hur stort det är i världen, för oss ingår det i vardagen att vi får sitta till bords vid Nobelfesten, även om det är via TV. Så varför inte en Konstnärernas arvsfond?

Många konstnärer blir ju inte riktigt lönsamma förrän efter döden. Upphovsrätten följer med arvet 70 år framåt i tiden. Få släktingar förstår sig på konstvärlden och det potentiella värdet av vårt arv. Tänk om vi skapar den här fonden och använder den för att stötta nu levande konstnärer, så de kan skapa framtidens stora verk utan att hela tiden behöva tänka på kommersiell gångbarhet.

Det är genom den samlade kraften i ett konstnärsskap som storheten lyser. Om konstnären varit kommersiellt gångbar och verken spritts för vinden, är det bara ett fåtal som får uppleva energin och känslan. Om meningen med konstnärens skapande är att så många som möjligt ska få chansen att uppleva den, faller det sig naturligt att få verk säljs, universum vill något mer. Då, när tiden är mogen, kan framtidens budbärare visas och upplevas och förstås. Som ett praktexempel kan jag nämna Hilma af Klint, samtida med Rudolf Steiner, grundare av Antroposofin, och långt före sin tid. Han förstod inte hennes konst. Det är först nu, 60 år efter hennes död, som världen är redo. Museer jorden runt står i kö för att visa hennes verk. Energin i utställningen är enormt kraftfull, det är först nu allmänheten är tillräckligt medveten för att ta till sig upplevelsen.

Sveriges Författarförbund förvaltar ett litet antal av Sveriges avlidna författares litterära rättigheter (texträttigheter) på uppdrag av arvingarna. För konstnärer skulle kanske BUS vara en bra lösning som förvaltare. Det måste vara branschkunniga som fattar beslut om försäljning och rättigheter. Det är ju ännu ett sätt att sätta KONSTRIKET Sverige på kartan. Likväl som att bara ett annat land har en allmän arvsfond, så skulle en Konstnärernas arvsfond vara unik. Till skillnad från den allmänna arvsfonden så skulle vi konstnärer aktivt välja att testamentera vårt konstnärskap till Konstnärernas arvsfond.

På sikt kan ju fonden växa sig rejält stor och vara en betydande aktör på den internationella scenen. Det känns rätt och riktigt att pengarna plöjs tillbaka i verksamheten på så vis att de nu levande gnetande konstnärerna får stöd och hjälp. Pengarna kan användas på många sätt, till exempel fler stipendier, Artist in Residence, internationella utbyten, stötta konstnärsdrivna gallerier, konstnärskolonier, eller varför inte ett slag bonusinkomst för oss nu levande, lite som utdelning på aktier, vi får ta del av avkastningen.

En bra förvaltning av arvet gör det enklare att samla resurser och lyfta fram svensk konst, det blir en marknadsmässig kraft som kan engagera sig politiskt och driva våra frågor. Ekonomi ger makt och rösten hörs bättre när den är samlad. Det finns många möjligheter här. Framförallt skulle det vara ett sätt att gynna den nu skapande konstnärskåren.

Vägen framåt

Kulturen är till stor del skattefinansierad i Sverige - oavsett vilket parti som sitter på makten. Av alla dessa pengar från stat, kommun och landsting/region går en försvinnande liten del till de som skapar konsten, själva utövarna. Det blir som en eftertanke i budgeten, då bara smulor finns kvar. Avtal och arvodesrekommendationer följs helt enkelt inte och yrkeskonstnären förväntas ställa upp på oskäliga villkor eller helt gratis. Vi kan kalla det trafficking i konstnärer. Det borde vara tvärtom. Vi borde komma först i budgeten. För utan kulturutövare finns ingen kultur att uppleva.

Så varför har jag valt att kalla boken KONSTRIKET? Därför att det finns en sån oerhörd potential med många ljusglimtar och eldsjälar.

Vi lever i ett kreativt land. Svenska datorspel är i världstopp. Vi är tredje största exportlandet av musik, efter USA och Storbritannien. Vi har fler körer per capita än något annat land i världen. Vi är ett av de förlagtätaste länderna i världen. Det svenska deckarfenomenet går som tåget. Vi är världsledande inom produktion och distribution av ljudböcker på Internet. Vi lär vara ett av de mest uppfinningsrika länderna i världen... och så har vi förstås en massa kreativa konstnärer. Därav tanken om KONSTRIKET, att vi har potentialen att sätta konsten på kartan, göra Sverige berömt och världsledande på ännu ett område: konsten. Men då måste vi skapa förutsättningar för att yrkeskonstnärer ska kunna leva på sin konst. Det är förvånansvärt enkelt - vänd på perspektivet. Börja med kärnan i verksamheten, konstnären, kulturutövaren, sätt oss i första rummet och villkora alla skattemedel att avtal, arvoden och upphovsrättsliga ersättningar respekteras och följs. Då kan vi skapa ett KONSTRIKET värt namnet.

Vi har fantastiska möjligheter att sätta konst-Sverige på kartan och verkligen göra skäl för namnet KONSTRIKET. Men vi är inte där, än finns det en hel del att arbeta med.

Vi måste bli tydligare med skillnaden mellan hobbykonstnärer, fritidskonstnärer och yrkeskonstnärer. Det är oerhört svårt för en yrkeskonstnär att hävda sin rätt till ersättning när likhetstecken sätts till den som sysslar med det på fritiden. Utställningsarrangörer och uppdragsgivare har ett ansvar att vara tydliga med vilken del av konstnärskåren de söker i olika sammanhang. Min förhoppning är att boken har gett ett bättre perspektiv och en djupare förståelse, för jag kan inte tänka mig annat än att det är ren okunskap som gör att man får erbjudanden om att visa upp sig, som om detta vore en hobby och inte ett yrke.

Vi konstnärer måste också ta vårt ansvar. Om vi får ett erbjudande som inte känns rätt, kan man svara så här:

Jo jag förstår att det inte är lätt att välja bland alla utställningsansökningar. Men av alla landets kommuner är det bara två som hänvisat mig till att betala hyra och vakta själv i ett annex. Som KRO-ansluten yrkeskonstnär berättigad till ersättning enligt MU-avtalet är det naturligtvis inte ett alternativ jag bör acceptera.

Vi måste våga förhandla. Resultatet av dialogen blev en inbjudan att deltaga i en salong på den riktiga konsthallen. För att citera en konstnärskollega, vi behöver inte lida av bokstavskombinationen DUM.

MU-avtalet måste bli branschpraxis. Fem år efter avtalets införande är det skrämmande få utställningsarrangörer som tillämpar avtalet fullt ut. Även där regionens kulturplan säger att MU-avtalet ska tillämpas, är det än så länge mest bara tomma ord. Det är konsten och konstnären som är själva kärnan i verksamheten för gallerier, konsthallar och museer. Att inte betala konstnären avtalsenlig ersättning är absurt. Det handlar dels om en omfördelning av resurser, dels om nya prioriteringar. Pengar till kultur finns redan budgeterade, men konsten handlar ju inte bara om det. Konsten är viktig för destinationsutveckling, turism, näringsliv, hälsa och välbefinnande.

Konstföreningens roll och stöd från Kulturrådet behöver ses över, så att även de följer MU-avtalet fullt ut. De ideella krafterna i föreningarna behöver hitta tillbaka till det grundläggande syftet, att vara konstbildande och anlita professionella konstnärer, det vill säga yrkeskonstnärer, samt stå för kostnaderna.

Varför är det så enkelt att finansiera kulturskolor och andra konstnärliga projekt för barn men så svårt att hitta pengar till lagstadgade ersättningar om de stackars barnen väljer det som yrke? Vad ger det för signaler? När fler och fler yrkeskonstnärer väljer bort arenor där MU-avtalet inte tillämpas, vad får det för konsekvenser? Det gäller för politiker att prioritera rätt. Den svenska modellen för MU-avtalet skapar intresse runt om i världen. Länder som Island, Norge, Finland, Danmark och England är i olika stadier av tillämpning så att yrkeskonstnärer får betalt när de ställer ut.

Se till att 1% regeln blir praxis i hela landet och att när upphandlingar och inköp görs att regler och rekommendationer följs och att konstnärer som är yrkesverksamma får information. Att klämma konstnären på upphovsrättslig ersättning eller förvänta att de jobbar gratis är under all kritik.

Se till att gynna gallerier som uppfyller Svenska Galleriförbundets regler, som inte debiterar konstnären för hyra eller kostnader. Köp av konstnärer som skriver kvitto och fakturor. Respektera upphovsrätten, BUS är en fantastisk resurs som gör det lätt att göra rätt.

En ändring av skattereglerna så företag kan köpa konst som inredning skulle bidra till yrkeskonstnärens möjlighet att leva på sin konst samt berika våra arbetsplatser.

Glöm inte bort kulturutövaren när nya projekt ska finansieras. Av alla pengar som är budgeterade för bild- och formkonstområdet går en försvinnande liten del till yrkeskonstnären. Det är som om vi saknas i ekvationen. För att skapa ett livskraftigt KONSTRIKET måste yrkesutövaren få skäligt betalt.

Öka transparensen i konstvärlden. Under bokskrivandets gång har det varit oerhört svårt att få fram fakta. En sån grundläggande sak som att fastställa utställningsvillkoren på gallerier, konsthallar och museer borde vara enkelt att ta fram.

Det är inte bara i konstnärens intresse att driva frågorna. Alla kulturkonsumenter, politiker, tjänstemän och rättskaffens medborgare kan ta reda på hur det är ställt med avtal, arvoden och upphovsrättsliga ersättningar. Om de inte följs kan man skriva medborgarförslag och motioner samt prata med pressen. Tillsammans skapar vi ett KONSTRIKET värt namnet.

Satsningar av skattemedel till kulturen borde fokusera mer på att stärka förståelsen och upplevelsen av konsten och mindre på att lära ut hur man målar eller spelar ett instrument. Skifta fokus till att skapa intresse hos barnen att bli livslånga kulturkonsumenter, låt dem ta del av konstutställningar, teater, dans och musik och träffa yrkesutövare via besök i ateljéer.

Nätverk och samverkan, utbyte mellan regioner och länder skulle kunna göras i mycket större utsträckning. Ju mer professionellt konst-Sverige drivs, ju mer intressanta blir vi för andra länder som vill driva projekt, utställningar och Artist in Residence. Men framförallt är det som destination, att till Sverige åker man för att uppleva hela KONSTRIKET. Där frodas kreativiteten och konsten håller världsklass.

www.ingramcontent.com/pod-product-compliance
Ingram Content Group UK Ltd.
Pitfield, Milton Keynes, MK11 3LW, UK
UKHW041830200726
13854UKWH00002BA/910

9 789198 038729